의궤

8일간의 축제

儀

축제 8일간의 의궤

軌

KBS
의궤, 8일간의 축제
제작팀

민음사

머리말

8년 만이다.

KBS 대기획 다큐멘터리 「의궤, 8일간의 축제」는 2013년 10월 10일에 처음으로 방송된 후, 2014년에 극장판으로 재구성되어 전국 13개 상영관에서 관객들을 만났다.

총 8권의 의궤에 담긴 8일간의 이야기. 뒤주에 갇힌 채 8일 동안 죽어 간 사도세자, 고통스러운 8일을 행복한 8일로 바꾸고 싶었던 220여 년 전의 정조. 그 무겁고 복잡한 역사가 8이라는 숫자에 담겨 있다. 극장판 상영으로부터 8년이 흐른 2022년, 민음사의 도움으로 방송과 영화에서는 담지 못한 내용을 추가하고 영상 사이의 행간을 묶어 책의 형태로 독자들과 만날 기회를 얻게 되었다.

이번 출판은 의궤의 편찬 의도와 맥락을 같이한다. 조선 시대에는 왕실에 중요한 행사가 있을 때면 후세에 참고할 수 있도록 그 일의 전말과 영향, 절차와 비용, 사후 논공행상 등을 구체적으로 기록해 글과 그림으로 남겨 두었다. 그렇게 만들어진 『원행을묘정리의궤(園幸乙卯整理儀軌)』를 통해 우리 제작진은 220여 년 전의 축제를 거의 완벽하게 영상으로 복원할 수 있었다. 그렇게 탄생한 「의궤, 8일간의 축제」의 제작 과정을 다시 글과 그림으로 남긴 결과물이 바로 이 책이다.

미스터리 다큐드라마 형식으로 만들어진 「의궤, 8일간의 축제」는 '8일'

이라는 시간과 첨단 요새 '화성'이라는 공간에서 펼쳐지는 기묘한 축제를 통해 조선 제22대 국왕 정조의 과거와 현재를 뫼비우스의 띠처럼 넘나드는 구조로 제작되었다. 감사하게도 방송 초기부터 많은 화제를 불러일으켰고, 국내외의 권위 있는 영상 페스티벌에서 과분한 상을 여럿 받기도 했다.

『원행을묘정리의궤』는 현존하는 4000여 권의 의궤 중에서도 '의궤 중의 의궤', '의궤 중의 백미(白眉)'로 불릴 만큼 기록의 정교함과 완성도가 압도적이다. 8일 동안 펼쳐진 주요 행사는 물론이거니와 행사 주변을 구성하는 아주 작은 부분까지 세세하게 기록되어 있다. 잔치에 나선 기생 하나하나의 이름뿐만 아니라 이들이 입었던 속옷과 장신구까지 그려 놓았고, 잔칫상에 오른 그릇의 종류와 모양, 음식의 재료와 가격도 적혀 있으며, 참석자들에게 지급되는 출장비 목록엔 노비와 말의 비용도 기록되어 있다.

「의궤, 8일간의 축제」는 『원행을묘정리의궤』의 모든 것을 복원하고자 했다. 그리고 엄격한 고증을 위해 국내 최정상급 전문가들이 총출동했다. 금속활자는 임인호 금속활자장(국가무형문화재 제101호)이 제작해 주었고, 목판화는 이창석 각자장(강원도무형문화재 제16호)이 맡아 주었으며, 음악과 무용은 국립국악원 단원들이 복원에 직접 나서 주었다.

축제 이틀째에 안양참 부근에서 정조가 어머니 혜경궁 홍씨에게 올렸던 대추미음 다반, 닷새째에 혜경궁의 진찬연에 올려진 금중탕(錦中湯)을 비롯한 수라상 음식은 한복려 원장(궁중음식연구원)의 손에서 되살아났다. 한복려 원장은 의궤에 음식의 재료와 조리법, 심지어 가격까지 기록되어 있어 거의 원형에 가깝게 고증해 낼 수 있었다고 말한다. 혜경궁이 착용한 왕실 복식은 한복 전문가 김혜순 교수(원광디지털대학교 한국복식과학학과)의 치밀한 고증 끝에 세상에 선보일 수 있었다.

의궤에는 정확한 내용이 나오지 않아 학계에서 논란이 있는 부분들도 있는데, 황금 갑옷 제작과 반차도 채색이 대표적이다. 두 가지 모두 '8일'을 재현하는 데 매우 중요한 부분이었는데, 수개월에 걸친 연구 끝에 복원해 낼 수 있었다. 멋진 황금 갑옷은 우리나라에서 유일하게 갑옷으로 박사 학위를 받은 박가영 교수(숭의여자대학교 패션디자인과)가 만들어 주었고, 반차도 채색은 문화재 복원의 권위자인 박지선 교수(용인대학교 문화재학과)가 정재문화재보존연구소 연구원들과 함께 오랜 시간 고생한 끝에 빛을 볼 수 있었다. 두 사례 모두 기존의 복원 작업에서 진일보한 것으로, 학술적으로도 큰 의미를 지니는 작업이라고 생각한다. 이 자리를 빌려 복원에 참여해 주신 모든 전문가에게 큰 감사를 드린다.

역사 다큐멘터리는 한두 권의 책만으로 접근했다가는 자칫 엉뚱한 결론에 도달하기 쉽다. 풍부한 자료와 깊이 있는 연구가 전제되지 않으면 전체 맥락을 이해하기도, 진실에 다가서기도 어렵다. 그래서 전문 학자들이 참여하는 학술 자문단의 중요성은 그 무엇보다 중요하다. 지혜와 조언을 아낌없이 공유해 주셨으며 마지막까지 남아 감수를 맡아 주신 김문식 교수를 비롯해 자문단 한 명 한 명에게 큰 감사를 드린다. 강관식 교수, 김동욱 교수, 김상보 교수, 김준혁 교수, 박정혜 교수, 박현모 교수, 서경호 교수, 신병주 교수, 안대회 교수, 유재빈 교수, 박금수 박사, 박영민 박사, 이재정 학예관…… 이들이 아니었으면 애초에 시작도 못 했을 일이다. 깊이 머리 숙여 감사 인사를 드린다.

재능은 없고 욕심만 많은 PD를 만나 평생 할 고생을 한 프로그램에서 다 해 버린 우리 제작 스태프 한 사람 한 사람의 얼굴이 머리를 스쳐 지나간다. 장영주·신재국 CP, 이건협 팀장, 김영우·조성광 PD, 은지희·김혜연·이현주 작가, 박준균·백홍종·장형준·신윤철·김승준·정재필 감독, 그리고 묵묵히 꿈과 땀을 나눠 준 수많은 동지…… 평생 감사하는 마음을 새기고 살아가려고 한다. 끝으로 부족한 원고를 인내와 애정으로 기다리며 다듬어 주신 최정은 디자이너와 이황재 편집자를 비롯한 민음사 구성원들에게 경의를 표하며 감사 인사를 올린다.

'쾌(快)'와 '지(止)'.

1795년의 화성 행차는 어쩌면 피로 물들 수도 있었다. 그러나 마지막 순간 정조의 선택은 '그칠 지'였다. '통쾌할 쾌'를 선택해 반대파를 제거할 수도 있었으나, 정권이 바뀔 때마다 죽고 죽이는 악순환을 피할 수 없다고 판단한 정조는 멈추었다. 그리고 대통합을 제안하며 모든 백성이 행복에 흠뻑 취해 돌아가기를 바랐다.

이제 8일간의 축제는 끝났다. 그리고 220여 년이 흘렀다. 정조의 꿈은 지금 어디쯤 와 있는 것일까?

겉으로는 국가와 민족을 외치지만, 사실은 당파와 개인의 이익에 몰두하는 사람들은 이제 사라진 것일까? '쾌'와 '지'는 여전히 우열을 가리지 못한 채 뫼비우스의 띠처럼 무한 반복 중이다.

정조의 축제는 끝났지만, 그의 꿈은 여전히 현재진행형이다.

2022년 5월

최필곤(KBS PD)

차례

일러두기

1   이 책은 KBS 대기획 「의궤, 8일간의 축제」를 기반으로 이미지와 내용을
    보충해 제작되었다.
2   이 책에 실린 이미지 대부분은 「의궤, 8일간의 축제」의 영상 자료를 활용했다.
3   『화성원행의궤도(華城園幸儀軌圖)』의 이미지 출처는 국립중앙박물관이며,
    『화성능행도병풍(華城陵幸圖屛風)』의 이미지 출처는 국립고궁박물관이다.

프롤로그

220년 전으로 들어가는 문

매년 10월이 되면 수원(水原)은 떠들썩해진다. 타임머신을 타고 거슬러 올라온 듯 조선 시대 군복을 입은 사람들이 장안문(長安門)과 화성행궁(華城行宮) 일대를 가득 메운다.

취타대의 가락이 사방을 휘휘 맴돌고 형형색색의 깃발들이 거대한 물결을 이룬다. 그 위로 엄청나게 큰 깃발이 눈에 띈다. 옥색 바탕의 천에는 두 마리 용이 서로 마주 보며 여의주를 다투는 모습이 그려져 있고, 테두리에는 불꽃 모양의 화염각(火炎脚)을 잇대어 권위와 위엄을 드러내고 있다. 조선 시대 국왕의 거둥을 상징하는 깃발인 용기(龍旗)•다. 왕을 상징하는 수많은 의장 사이로 드디어 왕이 등장한다. 발 디딜 틈 없이 거리를 가득 메운 사람들은 왕을 향해 손을 흔들고 손뼉을 치며 환호성을 질렀다. 카메라의 셔터 소리도 멈추지 않았다. 이처럼 수원 사람들은 매년 10월이 되면 조선의 국왕과 인사를 나눈다.

축제의 주인공은 조선 제22대 국왕 정조(正祖, 1752년~1800년)다. 정조는 조선 후기를 문화적 황금기로 이끈 군주로, 세종과 더불어 조선에서 가장 위대한 군주로 손꼽힌다. 이 축제는 1795년에 정조가 어머니 혜경궁 홍씨의 회갑을 기념하고자 수원에 행차해 성대한 잔치를 벌인 8일간의 일들을 재

• 왕이 행차할 때 가마 앞쪽에 세우는 큰 기. 이 깃발이 있다는 것은 왕이 그 행렬을 총지휘한다는 의미다.

15

수원화성문화제에서 재현한
정조의 행차와 축제 장면들

현한 '수원화성문화제'다. 당시에 정조는 약 6000명에 이르는 수행원을 이끌고 수원으로 가서 회갑 잔치, 과거 시험, 대규모 군사훈련, 양로 잔치 등을 열었다.

조선 역사상 가장 화려했던 그 축제가 수원화성문화제에서 고스란히 되살아나고 있다. 어떻게 이런 일이 가능했던 것일까?

국가 행사 매뉴얼, 의궤

비밀은 '의궤'에 있었다. 『원행을묘정리의궤』에는 당시의 성대했던 모습이 글과 그림으로 아주 상세하게 기록되어 있다.

儀軌

의식 + 바퀴자국 = 의식의 본보기

의궤는 '의식(儀式)'을 뜻하는 '의(儀)'와 바퀴자국을 뜻하는 '궤(軌)'의 합성어로, '의식의 본보기'라는 뜻이다. 조선 왕조는 국가나 왕실에 큰 행사가 있을 때면 모든 과정을 글과 그림으로 기록해 두었다. 일종의 '국가 공식 행사 보고서'였던 셈이다. 왕실의 혼례부터 세자 책봉, 장례, 연회, 사신 영접이나 궁궐 및 성곽의 건축까지 중요한 행사는 놓치지 않았다. 이는 모두 예법에 맞게 행사를 치르고 다음 행사 때 시행착오 없이 원활하게 진행할 수 있게 하기 위함이었다.

> 의궤는 단지 한때만 행해지도록 하는 것이 아니라, 실로 만세에 걸쳐 행해지도록 만든 것이다.●

의궤는 용도에 따라 크게 두 가지로 구분할 수 있는데, 왕이 열람하는 어람용(御覽用) 의궤와 여러 군데에 나누어 보관하는 분상용(分上用) 의궤가

● 『세종실록』 10년(1428) 9월 4일.

어람용으로 제작한
『장렬왕후존숭도감의궤(莊烈王后尊崇都監儀軌)』

있다. 어람용 의궤는 왕이 보는 것인 만큼 온 정성을 들여 만들었다. 병인양요 때 강화도의 외규장각[●]을 부수고 수많은 어람용 의궤를 약탈해 간 프랑스인들이 "소름 끼칠 정도로 잘 만들어진 책"이라고 감탄할 정도였다. 표지는 비단으로 장식했고, 속지로는 최고급 한지를 사용했다. 붉은 선으로 가장자리를 두른 본문은 왕실 문서 기록을 담당했던 관원들이 해서체로 썼고, 그림의 밑바탕 위를 천연염료로 채색했다. 그뿐만 아니라 실로 된 끈 대신 변철(邊綴)[●]을 앞뒤로 대어 묶고 못 다섯 개를 박아 고정했으며, 꽃 모양을 띤 국화동(菊花童)을 대어 장식했다.

의궤에는 준비 과정부터 절차와 진행, 사후 포상에 이르기까지 기록되어 있다. 그 대상은 포괄적이며, 내용은 매우 자세하다. 유네스코(UNESCO) 세계기록유산 한국위원회 위원장인 서경호 명예교수(서울대학교 자유전공학부)는 다음과 같이 설명한다.

의궤는 조선 왕조에서 거행했던 각종 행사의 공식적인 기록입니다. 그런데 이 기록이 매우 특수한 것이, 단순히 "이런 행사가 있었고 이렇게 끝났

● 1782년에 정조가 왕실 서적을 안전하게 관리하기 위한 목적으로 강화도에 설립한 규장각의 부속 도서관. 왕실 관련 서적 6000권가량이 보관되어 있었으나, 1866년에 프랑스 군대가 약탈한 어람용 의궤 일부를 제외하고 나머지는 불타 없어졌다.
● 무쇠나 고급 놋쇠로 된 판을 가리킨다.

다.”라는 식이 아니라 맨 처음 이 행사를 어떤 의도로 기획했는지, 어떤 방식으로 의사 결정을 했는지, 누가 어떤 방식으로 얼마나 많은 자금과 인력을 동원했는지, 어떤 절차를 밟아 행사를 준비했는지, 행사를 준비하는 과정에서 백성들이 얼마나 고생했는지, 누가 어떤 방식으로 행사를 진행했는지, 실제 행사의 모습은 어땠는지, 행사 중에 어떤 문제가 발생했는지, 앞으로 이러한 행사를 진행할 때 꼭 유의해야 할 점은 무엇인지 같은 내용까지 담은 매우 포괄적인 보고서였습니다. 오늘날의 개념으로 말하면 특정 행사에 관한 모든 것을 종합적으로 기록한 백서와 같은 성격을 띤다고 할 수 있지요. 저는 아직까지 이처럼 행사를 포괄적으로, 백서 형태로 기록한 예를 발견한 적이 없습니다.

조선에는 『조선왕조실록』이나 『승정원일기』 등 뛰어난 기록물이 많았다. 이와 비교해 의궤가 지닌 가장 큰 특징은 글에 그림을 덧붙여 시각 중심으로 제작되었다는 점이다. 사진이나 영상이 없던 시절, 의궤의 그림들은 어렵고 복잡한 행사의 내용을 세부 사항까지 정확히 파악할 수 있도록 만들었다. 행사 당시의 현장감을 생생하게 전달하는 의궤의 기록 방식은 '세계에서 단 하나뿐인 양식'으로 인정받아 2007년에는 국내에 소장된 조선왕조의궤 3430책이 유네스코 세계기록유산으로 등재되었다.

역사적으로 보면 대개 옛날 문건들은 글로만 기록했습니다. 그런데 의궤는 글과 그림을 함께 섞어 기록했으므로, 이는 매우 획기적으로 업그레이드된 기록 형식이라고 할 수 있습니다. 특히 채색한 그림은 그 행사가 실제로 어떻게 진행되었는지 마치 오늘날의 비디오 화면처럼 보여 주지요. 그림을 통해 현장감을 생생하게 보여 주는 것은 의궤의 가장 큰 특징이라고 할 수 있습니다.

의궤 중의 의궤, 원행을묘정리의궤

의궤는 조선 건국 초기부터 시작해 일제강점기까지 계속 편찬되었다. 그러나 임진왜란 등을 거치면서 그 이전의 의궤는 모두 소실되었고, 그 이후에 제작된 의궤들이 현재까지 전해지고 있다. 편찬 목적이 '의식의 본보기'였으므로 의궤는 수백 년이 흐르는 동안 전통 그대로의 방식으로 제작되어 왔다.

그러나 1795년(정조 19년)에 형식과 내용의 모든 면에서 파격적인 변화를 시도하는 의궤가 나타난다.

바로 『원행을묘정리의궤』다.

정조가 어머니 혜경궁 홍씨의 회갑을 맞아 사도세자의 무덤이 있는 수원에 8일 동안 행차한(원행(園幸)) 1795년(을묘(乙卯))의 일을 정리소●에서 관리해(정리(整理)) 기록한(의궤(儀軌)) 보고서다. 겉모습이 다소 볼품없지만, 이제까지 제작된 의궤 3895책 중에서 전문가들이 최고로 꼽는 의궤로, 일명 '의궤 중의 의궤'로 불린다.

『원행을묘정리의궤』는 첫 번째 권인 '권수(卷首)' 외에 권1부터 권7까지 일곱 권을 더해 모두 여덟 권이며 총 1270쪽으로 구성되어 있다. '권수'는 주로 도식(圖式), 즉 그림으로 이루어져 있는데, 행사의 주요 내용을 110장에 걸쳐 꼼꼼하게 묘사했다. 행렬 전체의 모습을 그린 「반차도(班次圖)」부터 화성행궁의 전경, 봉수당(奉壽堂)● 회갑 잔치, 잔치에서 공연된 14가지 종류의 무용, 낙남헌(洛南軒) 양로 잔치, 화성 향교의 대성전 참배 모습, 잔치에 사용된 그릇과 의복 등이다. 그림의 구체성과 정교함이 뛰어난 데다 원근법,● 투시도법과 같은 서양화의 기법을 적극적으로 채택했다.

권1부터 권7까지는 글로 기록했다. 행사 준비부터 행사의 시작과 끝, 그 이후까지를 아우른다. 왕의 명령을 시작으로 그 내용, 의식 절차, 행사와 관련한 보고서, 잔치를 위한 음식과 그릇, 기생들의 복장과 장신구, 가마의 재료와 제작 비용, 배다리 설치 과정, 내빈(內賓) 및 외빈(外賓)●과 참가자의 명단 등이다. 놀라운 점은 행사 준비에 동원된 기술자는 물론이고 천민에 해

● 1795년 윤2월에 거행된 정조의 화성 행차를 주관하기 위해 설치한 임시 관청.
● 정조가 어머니의 장수를 기원하며 지은 이름으로, "만년(萬年)의 수(壽)를 받들어 빈다."라는 뜻이다.
● 서양미술에서 사용하는 화법으로, 공간 속의 물체가 보는 사람에게서 멀어질수록 작아진다.
● 여기서 내빈은 여자 손님을, 외빈은 남자 손님을 가리킨다.

여덟 권으로 구성된
『원행을묘정리의궤』

당했던 막일꾼의 이름과 주소, 맡은 일, 복무 일수, 품삯까지도 기록했다는
점이다.

여덟 권에 담긴 8일간의 축제

수많은 전문가가 최고의 의궤로 손꼽는 『원행을묘정리의궤』는 사실 겉
모습만 보면 매우 소박한 편이다. 국왕에게 보여 줄 목적으로 제작된 어람용
의궤와 비교하면 초라해 보이기도 한다.

그러나 한두 권으로 만들어지던 다른 의궤들과 달리 분량이 여덟 권으로
대폭 늘어 기록의 정교함과 완성도에서 압도적인 우위를 자랑한다. 또한 통
상적으로 5부에서 10부 내외로 만들어졌던 관행과 달리 102부가 제작되어
널리 유포되었다. 이는 『원행을묘정리의궤』가 의궤 역사상 처음으로 인쇄
본으로 제작되었기 때문이었다.

여덟 권에 담긴 방대한 분량, 화법의 변화, 인쇄 방식의 채택 등 모든 것
이 조선 왕실 역사상 처음 있는 일이었다. 정조는 왜 이런 파격적인 선택을
한 것일까?

그 비밀의 열쇠, 『원행을묘정리의궤』.

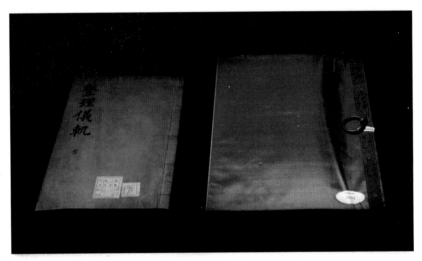

『원행을묘정리의궤』(왼쪽)와 어람용 의궤인『영조정순왕후가례도감의궤(英祖貞純王后嘉禮都監儀軌)』(오른쪽)

	『원행을묘정리의궤』	『영조정순왕후가례도감의궤』
크기	33.8센티미터 × 21.8센티미터	47.2센티미터 × 33.8센티미터
권	총 8권	총 2권
채색	없음	있음

　'여덟 권'의 책 속에 담긴 '8일간의 축제' 속으로 들어가 보자.

지상 최대의 축제

구름처럼 모여든 백성

1795년 윤2월 8일, 한성(한양) 도성은 전국에서 몰려든 사람으로 북새통을 이루고 있었다. 평소에도 저잣거리는 사람이 많이 모이는 곳이지만, 이날은 그야말로 사람으로 산을 이루고 바다를 이루었다. 이들을 수용하기 위한 의막(依幕)까지 들어섰지만, 그 수가 턱없이 부족했다. 의막 앞은 하룻밤 거처하게 해 달라고 사정하는 사람으로 가득했다.

밤에도 소란스럽기는 매한가지였다. 야간 통행금지를 어기면 곤장을 맞아야 했지만, 이날은 그 누구도 처벌받지 않았다. 통행금지가 일시적으로 해제되었기 때문이다. 다시없을 구경을 위해 아들 손을 끌고 상경한 한 아비는 의막을 구하지 못해 처마 밑에 자리를 잡았다. 불 밝힌 주막은 대목을 놓칠세라 손님맞이에 분주하고, 제각기 모여 앉은 무리는 서로의 목격담을 경쟁하듯 내놓았다. 지방에서 올라온 여염집 규수를 희롱했다는 얘기부터, 한강 최고의 명당자리를 잡기 위해 모 대감 댁의 하인들이 육탄전을 벌였다는 얘기, 심지어 길에서 아이를 낳는 일을 보았다는 얘기도 있었다.

이렇게 한양에 사람이 몰려든 이유는 큰 축제가 열리기 때문이었다. 백성들은 모두 국왕이 어머니의 회갑을 축하하기 위해 성대한 축제를 연다는 소식을 알고 있었다. 효심 지극하고 백성을 아끼는 왕은 행차길 구경꾼을 막

● 천막 또는 장막 등으로 만든, 임시로 거처하는 숙소를 가리킨다.

25

지 않고 오히려 장려한다고 했다. 살면서 왕을 볼 기회가 얼마나 있을까? 전국에서 사람이 몰려들었다. 억울함이 있는 사람은 재수가 좋으면 왕에게 직접 고할 수도 있다고 하니, 왕이 지나갈 길목마다 자리싸움에 난리 법석이었다. 전국의 장사치들도 때를 놓칠세라 밀려드니, 한양은 그 어느 때보다도 소란스럽고 혼잡했다.

지상 최대의 축제

그해는 여러모로 뜻깊은 해였다. 정조가 국왕이 된 지 20년이 되는 해이고, 정조를 낳아 준 사도세자와 혜경궁 홍씨가 함께 회갑을 맞는 해였기 때문이다. 새해가 시작되면서부터 여러 행사가 거행되었다.

국왕은 왕실의 어른께 존호(尊號)˙를 올리는 것으로 새해를 시작했다. 1월 15일에 왕실의 제일 큰 어른인 정순왕후(貞純王后, 1745년~1805년)에게 '수경(綏敬)'이라는 존호를 올렸다. 1월 17일에는 사도세자에게 '장륜융범기명창휴(章倫隆範基命昌休)'라는 여덟 글자의 추상존호를 올리고, 혜경궁에게는 '휘목(徽穆)'이라는 가상존호를 올렸다. 존호를 추가할 때 국왕에게는 여덟 글자, 왕세자에게는 네 글자씩 올리는 것이 관례였으니 사도세자에게 여덟 글자의 존호를 올리는 것은 상당히 파격적인 일이었다. 1월 21일에는 정순왕후, 혜경궁, 왕비와 함께 사도세자의 사당인 경모궁으로 행차했다. 이날은 바로 사도세자의 생일이었다.

윤2월 9일부터는 대규모의 수행원이 참여하는 국왕 행차가 거행되도록 예정되어 있었다.

축제의 이름은 '행행(行幸)', 즉 '행복한 국왕의 행차'라는 뜻이었다.

국왕의 행차는 매년 있었지만, 올해의 행행은 급이 달랐다. 조선 역사상 최대 규모로 치러질 예정이었다. 축제 기간은 8일로, 정조가 어머니 혜경궁을 모시고 수원에 다녀오기로 되어 있었다. 행선지가 수원이 된 까닭은 그곳

˙ 왕이나 왕비의 덕을 기리는 뜻으로 올리던 칭호. 사망한 사람에게 주는 존호를 '추상존호'라고 하고, 기존의 존호에 다시 더해 붙이는 존호는 '가상존호'라고 한다.

에 사도세자의 묘소인 '현륭원(顯隆園)'●이 있기 때문이었다.

이번 행차는 참여 인원은 물론 동원된 마필과 책정된 예산도 역대 최대였다. 행렬에 참석하는 인원만 6000명, 동원된 말만 1400필이었다. 행차에 책정된 예산은 10만 냥으로, 1냥을 오늘날 화폐가치 7만 원으로 계산하면 약 70억 원이 투입된, 건국 이래 최대 규모의 행차였다.

정조는 이를 위해 2년 전부터 예산 마련에 들어갔다. 1793년(정조 17년) 1월 선혜청 당상으로 있던 정민시(鄭民始, 1745년~1800년)에게 예산 마련을 지시해 놓았다.

내후년은 우리나라에 처음으로 있는 큰 경사가 있는 해이며, 나 소자(小子)가 천년에 한 번 만나는 기회이다. (……) 이해가 거듭 돌아옴에 소자에게는 돌아가신 부친에게 효를 다하지 못하는 슬픔만 있는 것이 아니다. 따라서 우리 자궁(慈宮)●을 모시고 원침(園寢)을 참배하여 자궁의 마음을 위로하고 아들로서의 정성을 조금이나마 펼치려 한다. 이는 천리(天理)와 인정(人情)으로 그만둘 수 없는 것이다. 난여(鑾輿)가 돌아오는 길에 행궁에 모시고 나아가 간략하게 진찬의 예를 마련하여 장수를 기원하는 정성을 조금이나마 펼칠 것이다.●

정민시는 왕실 재산을 이용한 환곡으로 행사 비용을 마련하기 시작했고, 2년이 지난 1794년 11월, 비용 마련이 끝났다고 보고했다. 1794년 12월, 장용영 조방에 정리소가 설치되면서 행차 준비를 본격화했다. 모든 일을 총괄하는 총리대신(摠理大臣) 채제공(蔡濟恭, 1720년~1799년)의 지휘하에 인력, 물품, 비용, 도로 건설, 경호 등 제반 사항을 국가 최고위급 관리들이 모여 면밀하게 준비해 갔다. 행차의 계획뿐 아니라 이로 인해 백성들을 번거롭게 하는 폐단을 막는 것도 중요했다.

● 경기도 화성시에 있는 사도세자의 무덤이다. 1899년에 사도세자가 장조(莊祖)로 추존되면서 현륭원도 융릉(隆陵)으로 격상되었다. 원(園)인데도 봉분에 병풍석을 설치하고 각종 석물을 지극 정성으로 갖춰 19세기 이후의 왕릉 제도와 석물 양식에 많은 영향을 주었다. 이웃한 정조의 건릉(健陵)과 함께 사적 제206호로 지정되었다.
● 정조의 어머니인 혜경궁 홍씨를 가리킨다.
● 『원행을묘정리의궤』, 권1, 「연설(筵說)」, 계축(1793년) 정월 19일.

정리소의 행차 준비 진행 상황

날짜	진행 상황
1794년 12월 초10일	정리소 설치
12월 13일	정리소 인원 차출 및 업무 분장
1795년 2월 8일	정리소 총괄 총리대신 채제공 임명
2월 15일	제반 업무 완료
2월 20일	진찬 예행연습
2월 25일	가교 예행연습
2월 27일	지공의 연로 및 교태문 수리
윤2월 4일	배다리 건너는 연습
윤2월 9일	행행

정리소의 담당자들이 맡은 임무

벼슬	담당자	임무
호조판서	심이지	경비 지원
사복시 제조	서유방	말과 가마
장용 내사	서유대	군대 동원
경기 감사	서용보	행사 지역
장악원 제조	윤행임	악대 동원
비변사 부제조	이시수	안보 담당

과인에게는 깊은 뜻이 있다

1789년에 현륭원을 조성한 뒤 정조는 매년 이곳을 방문해 왔다. 그런데 이번 행차는 이전과는 사뭇 다른 점이 많았다. 그동안 2박 3일 정도였던 행차 일정이 7박 8일로 대폭 늘어났고, 처음으로 혜경궁 홍씨를 모시고 행차했으며, 화성행궁에서 회갑 잔치를 거행할 계획이었다.

행사에 참여하는 인원도 유례가 없을 정도로 대규모로 편성되었다. 왕을 경호하기 위한 군관과 의장대 외에도 회갑 잔치를 위한 행사 인원, 잔치

정조의 수원 행차 일정(총 13회)

	날짜	기간	비고
제1차	1789년 10월 6일~9일	3박 4일	현륭원에 처음으로 행차
제2차	1790년 2월 8일~12일	4박 5일	현륭원 참배 후 남쪽 독산성으로 행차
제3차	1791년 1월 16일~18일	2박 3일	노량 주교 이용
제4차	1792년 1월 24일~26일	2박 3일	현륭원에 어진을 봉안
제5차	1793년 1월 12일~14일	2박 3일	수원부의 이름을 화성으로 개칭
제6차	1794년 1월 12일~15일	3박 4일	팔달산에 올라 화성 축성 과정 참관
제7차	1795년 윤2월 9일~16일	7박 8일	혜경궁을 모시고 대규모 행차
제8차	1796년 1월 20일~24일	4박 5일	현륭원에서 작헌례 거행
제9차	1797년 1월 29일~2월 1일	2박 3일	전년 9월에 완공된 화성을 순행
제10차	1797년 8월 15일~19일	4박 5일	장릉을 경유해 현륭원 행차
제11차	1798년 2월 1일~5일	4박 5일	만년제 개축 논의
제12차	1799년 8월 19일~21일	2박 3일	헌릉을 경유하고 과천로를 이용해 행차
제13차	1800년 1월 16일~18일	2박 3일	왕세자 책봉을 알리기 위한 참배

에 참석하는 내빈과 외빈에 이르기까지 행차에 참여한 인원은 대략 6000명이 넘는다.

사실 단순한 능행으로 보기에는 너무 큰 규모였다. 수행원으로 참여하는 군사는 서울 병력의 절반에 육박하는 규모였다. 조선 역사상 전무후무한 이 행차는 많은 비밀을 품은 채 시작되고 있었다.

어머니를 위해
만든 가마, 자궁가교

정조는 검소한 왕이었다. 화성 행차를 준비하는 내내 사치와 낭비를 금할 것을 강조했다. 그런데 비용을 아낌없이 들인 것이 있으니, 바로 어머니 혜경궁 홍씨가 타고 갈 가마, 즉 자궁가교(慈宮駕轎)의 제작이었다.

자궁가교는 사복시(司僕寺)●에서 만들었는데, 스물아홉 개 분야에서 120여 명의 장인이 참여했다. 총 제작 비용이 무려 2785냥으로, 오늘날의 가치로 치면 약 2억 원짜리 가마를 만든 것이었다. 자궁가교는 길이가 5척 4촌(약 1.65미터), 너비가 3척 5촌(약 1미터)에 이르는 데다 내부는 중국제 최고급 비단으로 장식했고, 일본제 거울과 요강 등 장거리 여행에 필요한 모든 것을 갖추고 있었다. 여기에 당대 최고의 화원(畫員)들을 동원해 진찬도 병풍(進饌圖屛風)●까지 그려 넣었으니, 정조가 자궁가교 제작에 얼마나 정성을 들였는지 짐작할 수 있다.

정조는 어머니를 위해 유옥교(有屋轎)●도 제작했다. 자궁가교는 두 마리의 말이 앞뒤에서 끌게 되어 있어 가파른 곳에 있는 사도세자 무덤까지 오르기에는 무리가 있었다. 이에 가마 앞뒤로 줄을 매어 사람들이 어깨에 메고 갈 수 있도록 만든 것이 유옥교다. 유옥교는 자궁가교보다 작고 비용도 덜 들어갔지만, 그래도 적지 않은 예산이 소요되었다. 반면에 정조 자신이 타고 갈 정가교(正駕轎)는 예전에 쓰던 것을 수리해 재사용했다.

● 왕이 타는 말이나 가마 등을 관리하던 관청.
● 궁중 잔치의 의식을 그린 병풍.
● 지붕과 벽이 있는 작은 가마.

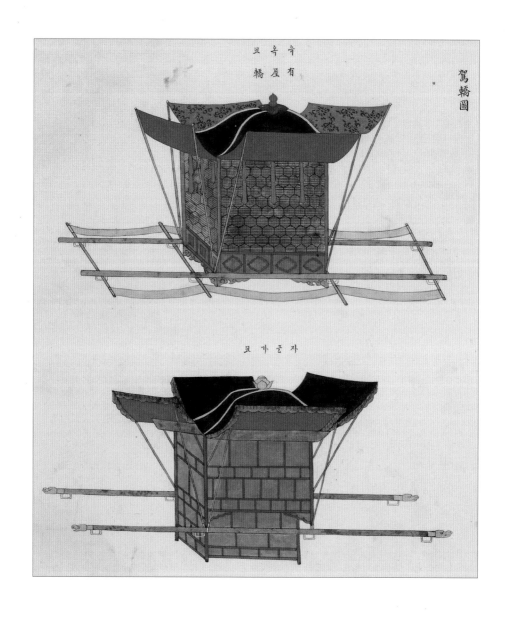

유옥교
有屋轎

駕轎圖

가교준자

『화성원행의궤도』 중 「가교도(駕轎圖)」.
유옥교(위)와 자궁가교(아래)의 모습을 확인할 수 있다.

백성들 속으로

왕의 행렬, 창덕궁을 출발하다

정순왕후를 알현하다

1795년 윤2월 9일. 드디어 축제의 날이 밝았다. 이른 새벽부터 창경궁 영춘헌(迎春軒)에는 정리사(整理使) 심이지(沈頤之), 서유방(徐有防), 이시수(李時秀), 서용보(徐龍輔, 1757년~1824년), 윤행임(尹行恁) 등을 비롯해 여러 신하가 대기하고 있었다. 작고 소박한 이곳은 정조가 평소에 독서실 겸 집무실로 이용하는 곳이었다. 잠시 후 나타난 정조는 신하들에게 "먼저 자전(慈殿)*을 알현할 것이다."라고 말했다.

축제가 시작되는 첫날 정조가 제일 먼저 한 일은 왕실의 최고의 어른인 할머니께 인사를 드리는 일이었다. 그런데 이 '할머니'는 정조와 불과 일곱 살밖에 차이가 나지 않았고, 정조의 어머니인 혜경궁 홍씨보다는 열 살이 어렸다. 이렇듯 젊은 나이에 왕실의 큰 어른이 된 인물은 다름 아닌 영조의 두 번째 왕비, 정순왕후다.

영조는 첫 번째 왕비인 정성왕후(貞聖王后, 1692년~1757년)가 승하하자 새로운 중전으로 정순왕후를 맞아들였는데, 당시 영조의 나이는 66세, 정순왕후는 15세였다. 조선이 개국한 이래로 나이 차이가 가장 많이 나는 왕실

* 영조의 계비이자 정조의 할머니인 정순왕후를 가리킨다.

35

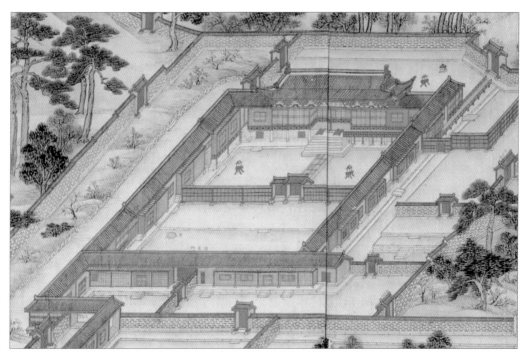

「동궐도(東闕圖)」에 묘사된 창덕궁 수정전의 모습

혼인이었다.

정조와는 악연이 있었는데, 정순왕후의 손위 남자 형제인 김귀주와 아버지인 김한구가 사도세자의 죽음에 깊숙이 관여했기 때문이다. 어린 시절에 아버지의 비참한 죽음을 목격한 정조는 평생 트라우마(trauma)●를 지우지 못했다. 그 사건으로 인해 정조는 즉위하는 순간까지 반대파들에 둘러싸여 숱한 고난을 견뎌야 했다. 어렵게 즉위에 성공한 정조는 이날을 위해 차근차근 준비해 왔다. 그러나 역설적으로 '8일간의 축제'는 정순왕후의 거처인 창덕궁 수정전(壽靜殿)에서 시작한 것이다.

한성을 출발하다

새벽 6시 45분 무렵에 세 번째 북소리●가 울리기 시작했다. 수천 명의 수

● 외부에서 일어난 충격적 사건으로 말미암아 발생한 심리적 외상.

● 행차가 출발하는 시간을 알릴 때는 총 세 차례에 걸쳐 북을 두드렸는데, 첫 번째를 초엄(初嚴), 두 번째를 이엄(二嚴), 세 번째를 삼엄(三嚴)이라고 했다. 초엄에서 삼엄 사이는 보통 두 시간 정도 시차가 있으므로 그동안 수행원들은 떠날 준비를 하고 세 번째 북이 울리면 행군을 시작했다.

행원이 줄지어 대기하고 있는 돈화문(敦化門) 앞에 정조가 나타났다.

잠시 후 혜경궁 홍씨가 가교를 타고 돈화문에 이르자 정조를 비롯해 모든 백관이 함께 예를 올렸다. 사실 왕실의 법도대로라면 혜경궁은 행차에 따라나설 수 없었다. 왕의 거둥길에 여자가 참여하는 것은 금지되어 있었기 때문이다. 그러나 어머니 혜경궁과 아버지 사도세자가 동갑이며 아버지의 무덤이 있는 화성에서 회갑 잔치를 열어야 한다는 정조의 주장 덕에 어렵게 성사되었다. 1762년에 사도세자가 죽은 후 33년이 지났지만, 혜경궁이 남편의 무덤을 방문하는 것은 이번이 처음이었다.

정조가 말에 오르자 신하들도 모두 말에 올랐다. 형형색색의 깃발들이 거대한 물결을 이룬 가운데 취타대가 연주를 시작하자 거대한 행렬이 움직이기 시작했다. 수천 명이 참여해 그 길이가 1킬로미터를 넘는 행렬은 창덕궁을 떠나 화성으로 가는 여정을 시작했다.

백성들이 구경하는 것을 금하지 말라

창덕궁 돈화문을 출발한 어가 행렬은 돈녕부 앞길, 파자전 돌다리(단성사 앞), 통운 돌다리(종로 2가), 종루 앞길(보신각 앞길), 대광통 돌다리(서린동 122번지 남쪽), 소광통 돌다리(남대문로1가 23번지 남쪽), 동현(명동) 병문 앞길, 송현(한국은행 부근), 수각 돌다리(옛 서울특별시 경찰국 부근), 숭례문(崇禮門)을 지나 도저동(서울역 부근), 청파교(갈월동 쌍굴다리 부근), 석우(石隅: 수도권 전철 1호선 남영역 앞), 율원현(栗園峴: 원효로2가에서 용산 방면 언덕으로 추정)의 코스로 이동하며 나아갔다.

이 길은 예나 지금이나 사람이 많이 모여드는 곳이다. 가는 곳마다 어가 행렬을 보기 위해 수많은 백성이 몰려들었다. 백성들은 자유분방한 자세로 행렬을 즐겼으며, 천막을 치고 술을 팔기도 하고 담소를 나누면서 구경했다. 백성들은 국왕을 보는 것은 빛을 보는 것과 같다고 해서 '관광(觀光)'으로 불렀다. 이날 백성들은 관광 중이었다.

「환어행렬도」의 일부. 백성들이 길에 나와 행렬을 구경하고 있다.

"백성들이 협로(夾路)에서 구경하는 것을 금하지 말라." 이런 모습은 정조가 즉위한 이후부터 자연스럽게 만들어진 풍경이었다. 정조는 백성들에게 가까이 다가서고 싶어 했고, 백성들은 좀 더 가까운 곳에서 국왕을 지켜보기를 원했다. 하지만 자칫 경호 문제가 발생할 소지가 있다는 의견도 나왔다. 그럴 때마다 정조는 이렇게 대답하곤 했다.

온 산에 담장처럼 서서 구경하는 자들이 그 누가 나의 백성이 아니겠는가? 그들이 와서 깃발을 우러러보는 것을 보면 민정을 알 수 있는데, 금지해 멀리 쫓아낸다면 너무나 사리에 어긋난다. (구경하는 백성들을 멀리 쫓아낸다면) 자식을 적으로 여기는 것과 무엇이 다르겠는가?●

정조는 "소통해야 할 곳을 소통하면 모든 백성이 좋은 영향을 받아 바람직하게 변하고 융화되어 의지와 언행 등이 올바르고 당당해지고 화목하고 평화로워져서 조정이 바로 서고 원기가 왕성하게 된다."라고 할 정도로 백성들과 소통하는 것을 무엇보다 중요하게 생각한 왕이다. 따라서 1795년 행차의 이동 경로가 백성이 많이 모여드는 곳에 집중된 것은 지극히 당연한 일

● 『정조실록』 10년 (1786) 1월 22일.

이었다. 물론 왕을 호위하는 군인들에게는 몇 배나 고단한 일이었겠지만.

이와 관련해 유재빈 교수(홍익대학교 미술사학과)는 국왕 행차를 대하는 백성들의 태도 변화를 다음과 같이 발견한다.

예전부터 국왕의 행차는 하나의 경사이기도 했지만, 백성의 노역이 있어야 하는 것이기도 했습니다. 그 때문에 백성들의 원성을 사기도 했죠. 그러나 「환어행렬도(還御行列圖)」를 보면 백성들이 자유로운 자세로 행차를 관람하고, 심지어 천막 아래에서 술을 팔기도 하죠. 행차가 하나의 구경거리이자 큰 축제로 변한 것입니다.

반차도로 만나는 그날의 행렬

행렬로 표현된 국왕의 세계

국왕이 군복을 입고 수천 명의 군사를 이끌고 가는 것은 위엄을 드러내는 상징이기도 하고, 그 자체로 군사훈련의 일부이기도 했다. 훈련도감과 장용영의 군사들을 비롯해 서로 다른 소속의 군사들을 조직적으로 움직이려면 치밀한 계획이 필요했다. 그 모습은 『원행을묘정리의궤』에 수록된 「반차도」에서 잘 확인할 수 있다. 당대의 일류 화가들이 그린 이 반차도에서는 왕조의 위엄과 질서를 장엄하게 표현했는데, 동시에 낙천적이고 자유분방한 인물 묘사를 엿볼 수 있다.

모두 63면에 걸쳐 그려진 「반차도」에는 총 1772명의 수행원과 786마리의 말이 등장한다. 수행원들은 각각의 역할과 순서에 맞추어 자리를 잡고 있으며, 경호를 맡은 군인들은 유사시에 대비해 전략적으로 배치되어 있다. 그것은 조선 국왕의 세계를 보여 준다. 동시에 정조의 구상이 드러나는 힌트이기도 했다.

　　거대한 행렬은 선두를 맡은 2명의 고위 관리에게서
시작된다. 행차의 목적지가 경기도 수원이었으므로 경
기 감사(京畿監司)이자 정리사인 서유방이 맨 앞에서 인
도했다.

그 뒤에서는 이번 행사를 총괄한 총리대신 우의정 채
제공이 전체 행렬을 선도했다. 훈련도감 소속 별기대(別
騎隊)가 북소리와 함께 나타난다. 한 줄에 5명씩 편대를
이루어 두 줄로 10명이 그려져 있지만, 실제로는 84명이
참가했다.

　　인기(認旗)와 신기(神旗)는 신호를 주고받을 때 사
용하는 깃발로 행렬 곳곳에서 발견된다. 별기대의 다음
은 마병(馬兵)과 보군(步軍)이 뒤따랐다. 마병은 진(陣)
후방에 대기하고 있다가 포수(砲手)와 살수(殺手)의 공
격으로 적군이 약해지면 앞으로 달려가 공격하는 역할
을 담당한다.

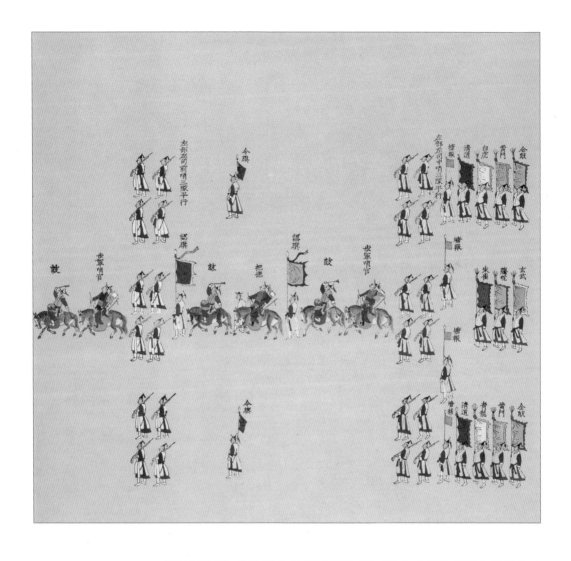

　　마병이 칼, 활, 편곤 등으로 무장하고 있는 것과 대비해 보군은 조총으로 무장하고 있다. 다음으로 화려한 기수단과 취타대가 등장한다. 기수단의 맨 앞에 작고 노란색의 깃발인 당보(塘報)가 보이는데, 높은 곳에 올라 망을 보고 상황을 알릴 때 사용하는 신호용 깃발이다. 그 뒤로 청룡(靑龍), 주작(朱雀), 백호(白虎), 현무(玄武) 등의 깃발이 등장한다. 이 깃발들은 행렬의 위용을 높이는 역할도 하지만, 군을 지휘하기 위한 신호 체계이기도 했다.

　　취타대는 마부도 없이 말 위에서 연주하는데, 이들
의 음악을 통해 행렬의 움직임과 속도가 조절된다. 관
인을 실은 인마(印馬)와 갑옷을 실은 갑마(甲馬)를 앞세
우고 훈련도감의 사령관인 훈련대장(訓鍊大將) 이경무
(李敬懋)가 나타난다.

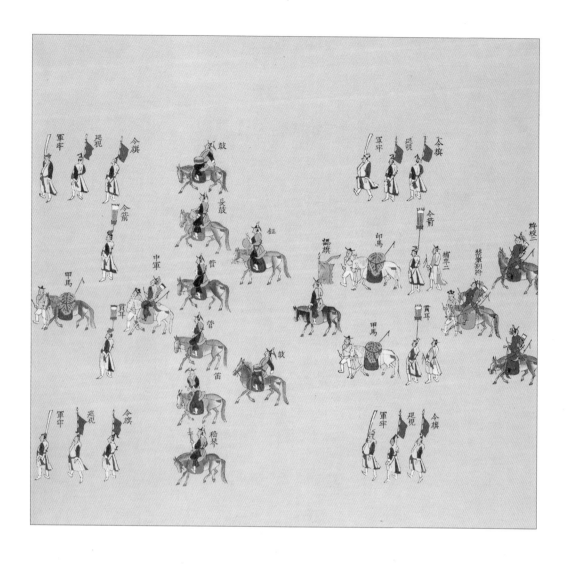

  행렬의 전반부는 훈련도감의 군인들 위주로 구성되
어 있다. 훈련도감의 2인자 중군(中軍)과 소규모 취타대
가 따른다. 국왕을 최측근에서 경호하는 금군별장(禁軍
別將)이 등장한다.

　　선구금군(先驅禁軍) 25인이 금군별장과 함께 행진
한다. 금군별장의 등장은 곧 국왕의 가마가 등장한다는
의미이다. 바로 뒤이어 국왕을 상징하는 의장인 수정장
(水晶杖), 양산(陽繖), 금월부(金鉞斧)가 나타난다. 국
왕의 행차길을 인도하는 인로(引路) 2명과 국새를 실은
어보마(御寶馬)가 뒤따른다.

별운검(別雲劍)의 안내를 받으며 너울로 얼굴을 가
린 18명의 여인이 말을 타고 지나가는데, 이들은 나인
(궁녀)이다.

　　나인들의 뒤를 2필의 자궁의롱마(慈宮衣籠馬)가 따
르는데, 혜경궁 홍씨의 옷이 든 궤를 싣고 있다. 수어사
(守禦使) 심이지가 국왕의 가마를 앞에서 호위하는 가
전별초(駕前別抄) 50명의 기병(騎兵)과 함께 지나간다.

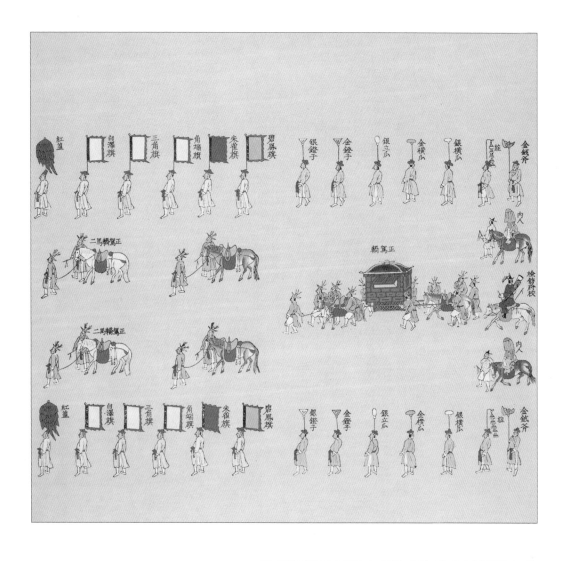

　　홍개(紅盖)를 필두로 의장기인 백택기(白澤旗), 삼각기(三角旗), 각단기(角端旗), 주작기(朱雀旗), 벽봉기(碧鳳旗) 등이 행렬의 가장자리를 장식한다. 드디어 좌우로 펼쳐진 20개의 의장 사이로 국왕의 가마인 정가교(正駕轎)가 보인다. 그러나 이날 가마는 비어 있었고 정조는 뒤쪽에서 말을 타고 이동했다.

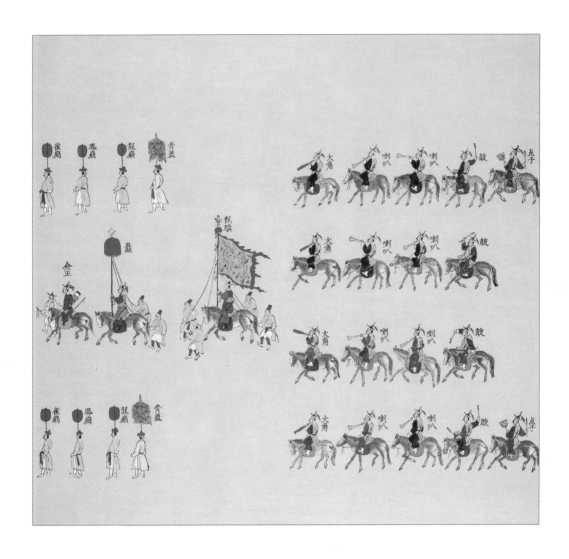

　　이어서 둑(纛)과 용기가 나오는데, 그 규모가 매우
커서 둑은 3명이, 용기는 5명이 함께 들어야 했다. 둑은
군 통수권을 상징하며, 용기는 국왕이 친히 열병할 때 각
영(營)을 지휘하는 데 사용한다. 그 뒤에는 취타대가 보
인다.

취타대는 행렬의 여러 곳에 분산해 배치되었는데,
그중 최대 규모의 악대가 국왕의 행차를 알리는 웅장한
연주를 한다. 장용영에서 차출된 50명의 악대와 이들을
인솔하는 패두(牌頭) 1명으로 구성되어 있다.

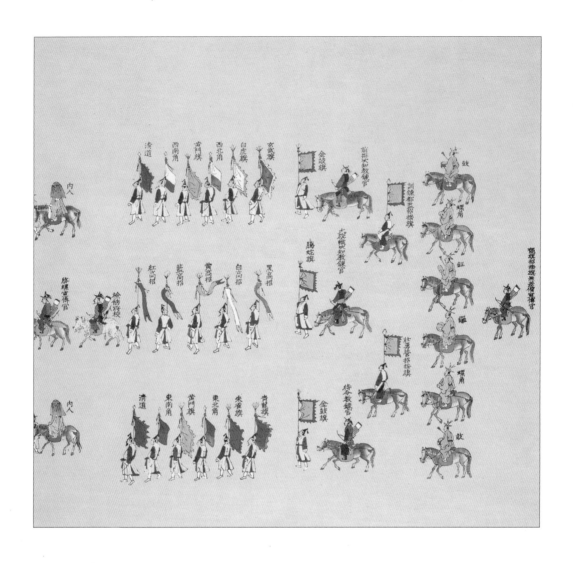

　　취타대의 뒤에는 대규모 기수단이 포진하고 있다. 좌우에는 행차길을 깨끗하게 치우는 일을 상징하는 청도(淸道)를 시작으로 군영(軍營)의 문에 세워 놓고 출입을 단속하던 황문기(黃門旗)에다 청룡, 백호, 주작, 현무 등 네 방위를 알리는 깃발과 각 방위의 모서리를 나타내는 깃발들이 따른다. 중앙에는 다섯 개의 고초기(高招旗)가 있는데, 군대를 지휘하고 호령할 때 사용하는 깃발들이다. 말을 탄 기수가 각각 훈련도감 초요기(招搖旗)와 장용영 초요기를 들고 있다. 초요기는 부하 장수들을 부르고 지휘할 때 사용하는 대형 깃발이다. 이번 행렬에서는 이 두 군영이 주축을 이루었으며, 전반부는 훈련도감이, 후반부는 장용영이 맡았다.

　그 뒤로 임금의 음식을 실은 마차인 수라가자(水剌
架子)가 나온다. 총융사(摠戎使)이자 정리사인 서용보
가 뒤를 받친다.

　　나인과 내관이 2명씩 후미에서 따른다. 가후 선전관
(駕後宣傳官)을 비롯한 여러 마병이 국왕의 가마 후방을
삼엄하게 경계하며 따른다.

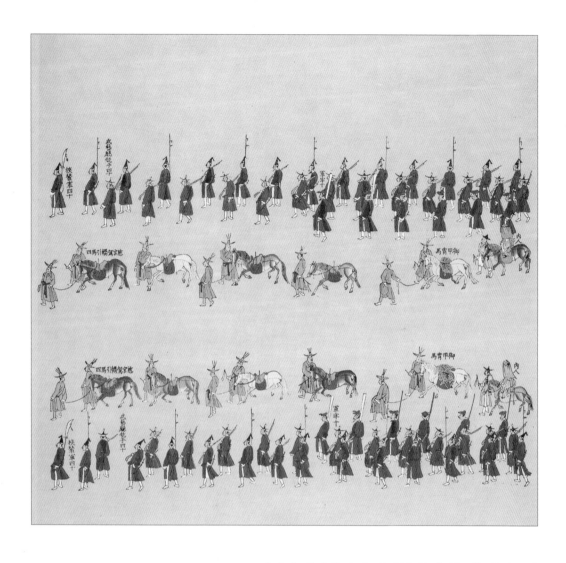

갑자기 병사의 수가 급격히 증가하는데, 훈련도감 소속의 협련군(挾輦軍) 80명과 무예청(武藝廳) 총수(銃手) 80명이 좌우로 엄중한 호위를 펼치기 시작한다. 호위 군사 사이로 임금의 갑옷을 실은 말인 어갑주마(御甲冑馬)가 보인다.

　　임금이 탈 여분의 말인 어승인마(御乘引馬)가 지나가고, 국왕의 경호 담당 근위병인 근장군사(近仗軍士) 12명이 나타난다. 드디어 혜경궁이 탄 가마인 자궁가교가 등장한다. 자궁가교는 이번 행차를 위해 특별히 제작한 가마로, 앞뒤에서 두 마리의 말이 끈다. 가마 바로 곁에서 6명의 별감(別監)이 호위하는데, 왕실의 주요 인물을 호위하는 이들은 무예가 출중한 사람들이었다.

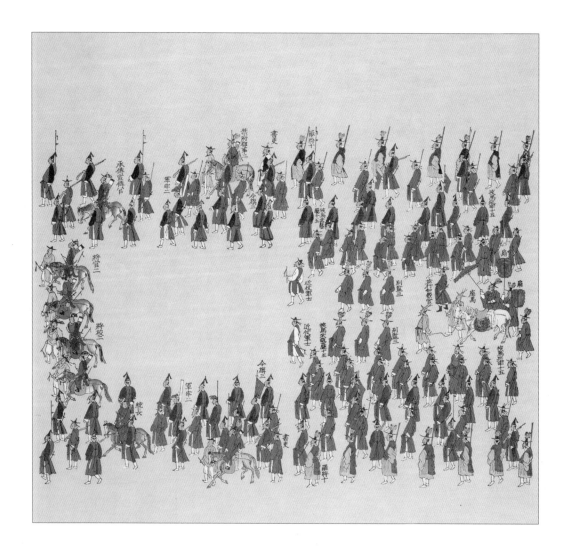

　국왕의 가마인 정가교를 타지 않았던 정조는 말을 탄 채로 어머니의 가마를 뒤따랐다. 왕은 그리지 않는 전통 때문에 좌마(坐馬)는 비어 있다. 국왕의 경호 부대는 이중, 삼중으로 인의 장막을 쳤는데, 만일의 사태를 대비한 진법을 운용 중이며, 유사시에 침입자를 제압하도록 설계된 것이다.

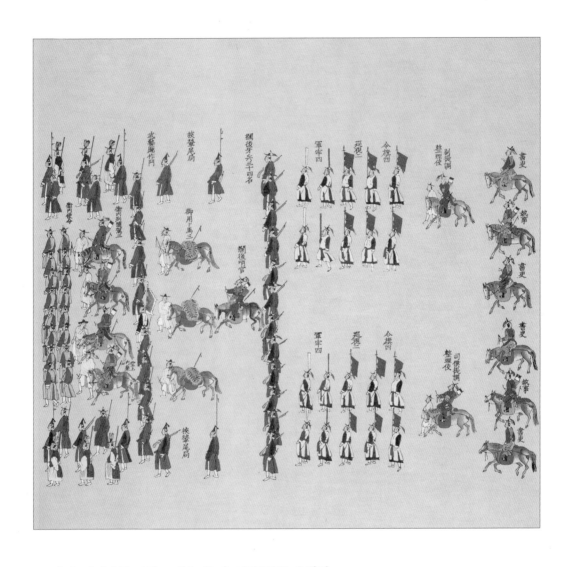

　　각각 정리사를 겸하고 있는 부제조(副提調) 윤행임
과 사복시 제조 이시수가 뒤이어 등장한다.

군주쌍교(郡主雙轎)가 뒤를 잇는다. 군주●가 탄 두 개의 가마에는 정조의 누이인 청연군주 (淸衍郡主)와 청선군주(淸璿郡主)가 타고 있다. 혜경궁의 친척인 2명의 외빈이 군주쌍교를 따랐으며, 기병대인 선기장용위 작대(善騎壯勇衛作隊)도 보인다.

● 조선 시대 왕실에서 태어난 딸에 관한 호칭은 여러 가지가 있다. 왕의 딸 중에서도 정실(正室)인 왕비가 낳으면 공주(公主)로, 후궁이 낳으면 옹주(翁主)로 불렸다. 군주(郡主)는 왕세자의 정실이 낳은 딸을 말하는데, 당시에 사도세자는 왕이 되지 못했으므로 그의 딸들은 군주로 불렸다. 참고로 왕세자의 후궁이 낳은 딸은 현주(縣主)라고 부른다.

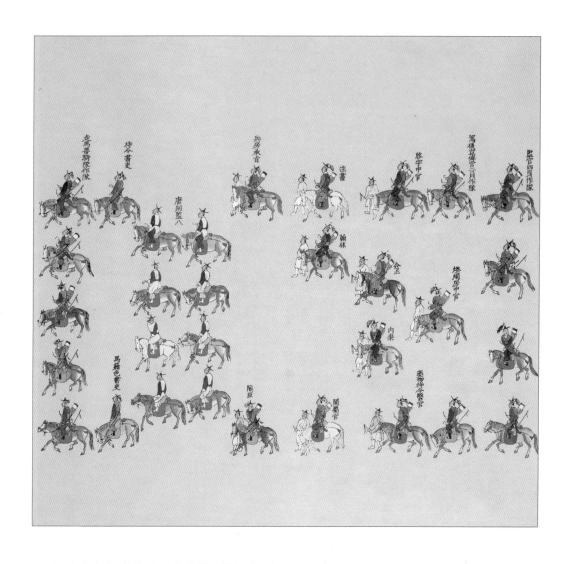

走馬善騎隊作隊　待令書吏　兵房承音　注書　啓字中官　篤候護補仁三員作隊　監官四員作隊

唐別監八

翰林　金

燈燭房中官

馬籍色書吏　內乘

藥物待令醫官

陪臣　陪騎官

　　주마선기대 작대(走馬善騎隊作隊) 등 기병대가 뒤
따르며 호위한다. 대령 서리, 마적색 서리, 당별감 등 국
왕의 시중을 담당하는 하급 관리들이 그 뒤를 따른다. 승
정원 주서(注書), 예문관 한림(翰林), 규장각 각속관 등
과 더불어 여러 관리가 지나간다. 약물대령의관은 긴급
사태를 대비한 구급 요원이다.

행렬의 중심부를 이루는 왕과 대비의 행렬이 마무리
되면 나오는 행렬의 후반부에는 정조의 친위 부대인 장
용영이 집중적으로 포진하고 있다. 선기장이 기병대를
이끌며 뒤를 따른다.

　　그 뒤에 병사가 들고 있는 대포가 눈에 띈다. 총통에
화약을 넣고 터뜨려 신호를 보내는 도구다. 이어서 기병
대 소속의 선기별장이 등장한다.

선기장이 기병대를 이끌며 따른다. 대규모 깃발 부대가 다시 나타난다. 선두에는 척후병이 드는 깃발인 당보 10기가 앞장서고, 정가교 후방의 깃발 부대와 같은 구성의 깃발들이 이어진다.

소규모 취타 부대가 그 뒤를 따른다.

장용대장 서유대(徐有大)가 나타난다. 행렬의 전반
부를 이끄는 훈련대장과 같은 급이지만, 군뢰, 순시, 영
기의 수, 대동한 장교 등의 규모가 더 크다. 이번 행차에
서 비중이 더 높다는 것을 알 수 있다. 장용대장을 보좌
하는 종사관이 따른다.

　그 뒤는 총을 든 포수들이 따른다. 장용영의 고위 지
휘관인 중사 파총(中司把摠)을 끝으로 장용영 행렬이
마무리된다.

도승지 이조원(李祖源)이 여러 관리와 함께 후미 행
렬의 시작을 알린다. 『승정원일기』를 관장하는 주서,
『조선왕조실록』의 사초를 꾸미는 한림이 나란히 배치되
었으며, 규장각에 소속된 각신과 각리가 따른다. 내국 제
조도 보인다.

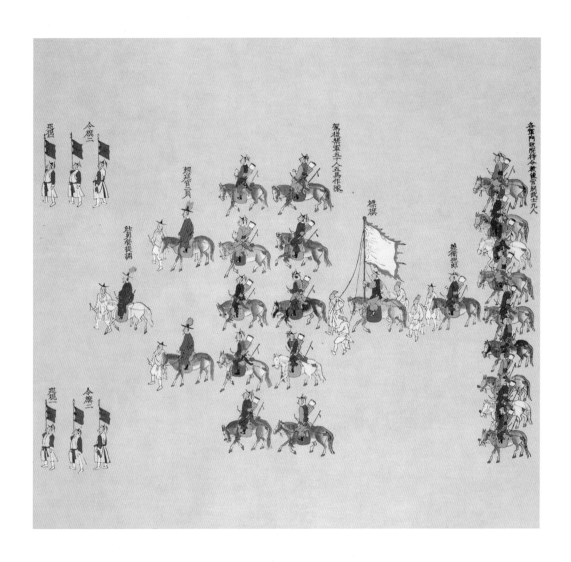

　　이어 장용영 제조 이명식(李命植)이 말을 탄 가후금
군 50명과 행진한다. 엄청난 크기의 표기(標旗)는 병조
판서를 상징하는 깃발이다.

일반적으로 병조판서는 왕의 가마 뒤편에 위치하지만, 이번에는 그 자리를 장용영에 내주었고, 병조판서 심환지(沈煥之)는 행렬의 후미에 배치되었다. 동반(문관)과 서반(무관)이 좌우로 나뉘어 행진한다.

　행렬의 후미를 책임지는 난후금군(欄後禁軍) 25명
이 다섯 줄로 편대를 이루며 따른다. 총을 든 초군이 보
인다.

좌사 파총이 지나간다. 총을 든 초군들이 3대씩 조를
이루어 거대한 행렬의 마지막을 장식한다.

행차 복원 프로젝트

KBS 다큐멘터리「의궤, 8일간의 축제」제작팀은 을묘년 화성 행차를 영상으로 복원하고자 했다. 『원행을묘정리의궤』의「반차도」가 인쇄본이었기 때문에 채색되어 있지 않은 상태였으므로 우선 잃어버린 색을 찾아 주는 작업이 필요했다. 문화재 복원의 권위자인 박지선 교수(용인대학교 문화재학과)의 팀이 채색 복원을 맡았다. 박지선 교수팀은 63장으로 나누어진「반차도」를 하나로 길게 연결한 후 비슷한 시기에 만들어졌던 채색화들을 근거로 색을 찾아 나갔다. 국립중앙박물관이 소장한 『화성원행의궤도』와 규장각이 소장한「화성원행반차도」를 근거 자료로 삼았다. 꼬박 두 달을 매달린 끝에 행차에 참여한 1772명의 수행원은 사라졌던 본래의 색을 되찾았다.

이렇게 색을 입힌「반차도」는 컴퓨터그래픽스를 통해 3D 입체 영상으로 되살아났다. 이 5분짜리 영상을 만드는 데 6개월이 걸렸다.

정조가 『원행을묘정리의궤』를 제작하는 데 목판 인쇄, 원근법 등 당시로서는 최첨단 기술을 사용했으므로 제작팀 역시 최고의 기술을 도입하기로 했다. 다음은 연출을 맡은 최필곤 PD의 설명이다.

정조가 『원행을묘정리의궤』를 만들면서 가장 역점을 둔 부분은 8일 동안의 일을 어떻게 생생하고 현장감 있게 전달할까 하는 것이었습니다. 정조는 원근법, 투시법 등 서양 화법을 적극적으로 이용했고, 금속활자와 목판화를 통해 생생하게 복원했습니다. 제작진도 정조와 목표가 같았습니다. 최첨단 기술인 3D 입체 영상과 4K 해상도를 적극적으로 채택해 200여 년 전 8일 동안의 행사를 좀 더 생생하고 사실감 있게 표현하는 데 집중했습니다.

「반차도」의
채색 작업과
3D 입체 영상 작업

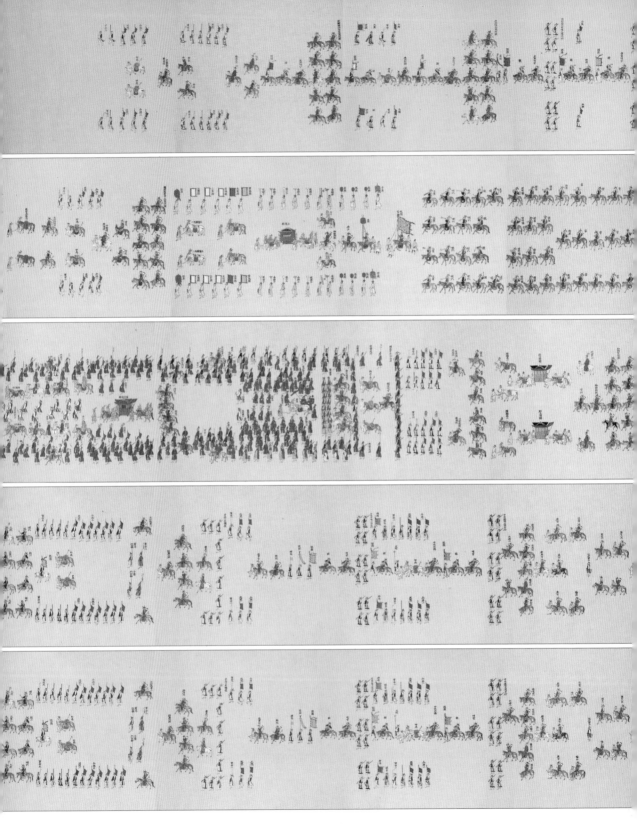

『원행을묘정리의궤』에 들어 있는 「반차도」를 복원한 채색 「반차도」 전체

이중, 삼중의 국왕 경호

『원행을묘의궤』의 「반차도」에는 1772명의 수행원이 그려져 있다. 정조를 비롯해 어머니인 혜경궁 홍씨, 누이인 청연군주와 청선군주 등 4명의 왕족, 28명의 나인, 우의정 채제공을 비롯한 21명의 관리가 참여했으나, 대부분은 군인으로 구성되어 있었다. 「반차도」에 나타난 배치를 보면 기병과 보병, 무기 체계 등이 모두 국왕의 경호를 고려해 배치되어 있음을 알 수 있다.

「반차도」에 보이지 않는 군인들도 있었다. 우선 행렬이 도착하기 전에 원거리에서 경호 작전을 펼치는 군사들을 따로 두었다. 복병(伏兵), 척후(斥候), 당마(塘馬)가 그것이다. 복병은 장교 1명과 군졸 7명이 한 조가 되어 교통 요지에 적이 지나갈 만한 길목을 방어한다. 보통 삼거리 16곳을 지키게 했다.

척후는 장교 1명과 군졸 3명이 한 조가 되어 지대가 높거나 사방이 잘 보이는 요충지에서 광역 경호를 담당했다. 30곳의 요충지에 배치되었고, 멀리서도 잘 보이는 노란색 깃발로 수신호를 보냈다.

당마는 말을 타고 거리에서 적의 형편과 지형 등을 정찰하고 탐색하는 군사로, 별무사(別武士)● 1명과 마병 3명이 한 조가 되어 창덕궁에서 노량까지 6곳, 노량에서 시흥행궁●까지 6곳, 시흥행궁에서 사근참행궁(肆覲站行宮)까지 6곳, 사근참행궁에서 수원 화성까지 6곳, 이렇게 총 24곳에 배치되어 운영되었다.

행렬의 앞뒤로는 기병들이 주로 배치되었다. 대부분 갑주를 걸치지 않았지만, 활을 메고 환도와 편곤 등으로 무장했다. 편곤은 일명 도리깨로도 불리는 것으로 긴 자루에 짧은 몽둥이를 쇠사슬로 연결해 휘두를 때의 충격력을 극대화한 것이다. 본래 철갑으로 중무장한 적을 상대로 충격을 주어 무력화하는 목적으로 개발되었으나, 화포의 발달로 갑옷이 얇고 가벼워지던 조선 후기에는 기병이 포수를 향해 일제히 돌격할 때 주로 쓰였다. 기병들은 적이 나타나면 먼 거리에서

● 5군영인 훈련도감의 마병, 금위영과 어영청 등의 기사 중에서 선발되어 벼슬을 맡게 된 군졸.

● 1794년(정조 18)에 새로 설치된 행궁. 규모는 114칸에 달했다. 현재 건물은 사라졌고 서울특별시 금천구 시흥5동에 행궁터가 남아 있는데, 수령 800년이 넘은 은행나무가 보호수로 지정되어 있다.

우회해 활을 쏘면서 적을 교란하다가 틈을 보아 적의 포수를 향해 돌격하는 전술을 사용했다.

왕을 근거리에서 경호하는 부대는 최고의 무술 실력을 지닌 협련군과 무예청이 중심을 이루었다. "임금이 거둥할 때 타는 가마인 연(輦)●을 끼고 호위한다."라는 뜻을 가진 협련군은 왕의 행차 시 호위를 맡는 부대로, 훈련도감 소속이다. 협련군은 국왕을 경호하는 부대였던 만큼 무예가 뛰어난 군사들로 구성되어 있었고, 조총을 쏘는 포수와 칼과 창을 들고 근접 전투를 담당하는 살수가 적절한 비율로 섞여 있었다.

무예청은 임금을 비롯한 왕족의 호위 부대로, 왕을 가장 가까운 곳에서 경호하는 부대였다. 훈련도감 소속 군사 중에서 신체 조건이 좋으면서 힘도 좋고 무예에 능한 자들로 구성된 별기대로 선발된 후, 그 가운데서 추천을 받아 왕의 재가를 받아야만 임명될 수 있는 최고 수준의 무사였다.

● 지붕이 있는 가마. 지붕이 없는 가마는 여라고 한다.

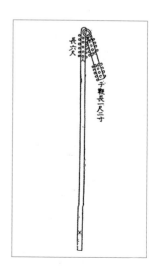

편곤

원행의 난코스, 한강을 건너는 방법

물 위를 걷다

창덕궁을 떠난 어가 행렬은 사람이 많이 모여 사는 번화가를 따라 남쪽으로 향하고 있었다. 그러나 그 길은 큰 장애물을 만나는 길이기도 했다. 조선에서 제일 큰 강, 한강이었다.

용산 나루와 강 건너 노량신에는 이미 많은 백성이 모여 있었고, 숨을 죽인 채 국왕의 행렬을 기다리고 있었다. 이렇듯 엄청난 인파가 몰린 것은 한 달 전에 설치된 낯선 존재 때문이었다. 무지개처럼 아치형으로 한강을 연결한 그것은 배다리였다.

여러 척의 배를 연결해 용산 나루에서 노량진까지 한강을 가로지르는 다리를 만든 것이다. 36척의 배를 지그재그 모양으로 맞물린 채 서로 단단하게 연결했다. 그 위로 횡판으로 덮어 평평하게 한 다음 잔디를 깔았다. 양옆에는 난간이 설치되었으며 무수한 깃발이 휘날려 위엄을 더해 주었다. 배다리의 시작과 중간, 끝에는 각각 홍살문●이 설치되어 있었다. 이렇게 만들어진 배다리는 길이 300미터, 폭 10미터에 이르는 거대한 규모였다. 당시로서는 최첨단의 기술이 집약된 것으로 신기하고 아름다우며 신성함을 자아내는 구조물이었다.

드디어 국왕의 행렬이 도착했다. 배다리를 경비하는 군사들이 예를 올린 후 행렬은 한 치의 흐트러짐도 없이 대오를 유지한 채 배다리에 진입했다. 선두가 첫 번째 홍살문을 지나자 여기저기서 탄성이 쏟아져 나왔다. 국왕의 행렬은 한강을 걸어서 건너고 있었다. 엄청난 인원과 말들이 지나는데도 배다리는 흔들림이 없었다. 끝도 없이 이어지는 행렬이 배다리를 모두 채워 버리자, 그 모습은 마치 거대한 용이 꿈틀거리며 물 위를 나는 모습처럼 보였다. 수천 명의 수행원이 일사불란하게 한강을 건너는 모습에 백성들은 감탄을 금치 못했고, 이번 행차의 백미가 되어 장안에 큰 화제가 되었다.

● 홍전문(紅箭門) 또는 홍문(紅門)이라고도 한다. 궁전, 관아, 능 등에 세우는 붉은 문으로, 신성하거나 경의를 표하는 장소임을 알리는 표지로 세우던 문이다.

파격적인 선택, 원근법

『화성능행도병풍』의 「한강주교환어도(漢江舟橋還御圖)」는 배다리를 건너 한양으로 돌아오는 장면을 실감 나게 그려 놓았는데, 유재빈 교수의 말에 따르면 당시로서는 매우 혁신적인 방법이 동원된 그림이었다.

이 그림을 보면 행차의 뒤쪽에 있는 정조와 혜경궁 홍씨가 탄 가마는 작게 그려져 있고, 앞에 구경하는 백성들은 더 크게 그려 놓았습니다. 원근법으로 그려진 것인데, 지금 우리가 보기에는 당연하지만, 당시로서는 혁신적인 일이었습니다. 장대한 행사 장면을 효과적으로 배치하고 인물 하나하나의 표정과 동작을 살아 있는 것처럼 생생하게 묘사해 당시의 상황을 실제로 보는 듯한 느낌이 들도록 그렸습니다. 이것은 '시각 질서'가 전통적인 '신분 질서'를 넘어선 것이라고 할 수 있습니다.

조선의 궁중화는 권위와 전통을 중시하는 화법을 써 왔다. 당시에는 왕을 중심으로 평행적이고 수직적인 배열을 통해 다양한 시점을 쓰는 것이 일반적이었으나 「한강주교환어도」는 과감하게 사선을 사용해 하나의 시점으로 묘사하는 새로운 시도를 한 것이다.

박정혜 교수(한국학중앙연구원 문화예술학부)에 따르면 조선 시대 궁중화를 그릴 때 전통적 화법에서 벗어나 파격적인 화법을 시도하는 것은 국왕의 결단 없이는 불가능한 일이었다.

의궤라는 것은 매우 보수성이 강한 문헌이라서 이전에 했던 형식이나 방식을 따르는 것이 가장 큰 미덕이고 장점이었습니다. 굳이 새로운 시도를 할 필요가 없는 문헌이죠. 그런데 정조는 기존의 의궤들처럼 위계질서를 강조하기보다는 보이는 그대로의 모습을 잘 묘사해서 사람들이 마치 현장을 보는 듯한 느낌을 받는 것에 초점을 두었습니다. 그 때문에 정조는 원

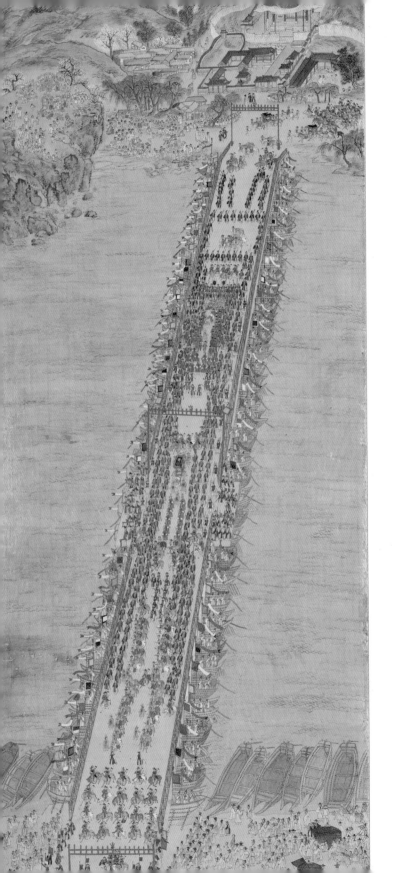

『화성능행도병풍』 중
「한강주교환어도」

근법과 같은 서양 화법을 도입하는 데 찬성하지 않았을까 생각됩니다. 화원들이 정조의 허락 없이 의궤 그림의 체제나 방식, 내용을 바꾸기는 어려웠을 겁니다. 정조가 어떤 내용을 어떤 형식으로 어떤 기법으로 사용하라고 구체적인 지시를 해야 화원들이 원근법과 같은 서양 화법을 적극적으로 반영해서 현장을 방불케 하는 장면의 그림을 그렸을 겁니다.

장애물, 명장면이 되다

1789년(정조 13), 영우원에 있던 사도세자의 무덤을 수원부 화산(花山 또는 華山) 아래로 옮길 당시 뚝섬에 배다리를 놓고 건넌 적이 있었다. 그러나 배 1척을 연결하는데 반나절이나 걸리는 등 공사 기간이 매우 길었고, 동원된 수백 척의 배는 몇 개월 동안이나 생업을 할 수 없게 되는 등 폐해가 많았다. 물론 배를 타고 건너는 방법이 있기는 하지만, 엄청난 시간과 노력이 들기는 마찬가지였다.

매년 아버지의 묘소를 참배할 계획이었던 정조에게 배다리는 반드시 넘어서야 할 과제였다. 그래서 노량진에 주교사(舟橋司)를 설치하고 효율적인 배다리 운용 방법을 고안하도록 지시했는데, 이것이 썩 마음에 들지 않았다. 정조는 이듬해인 1790년에 직접 『주교지남(舟橋指南)』을 써서 구체적인 방안을 제시했다. 여기에는 배다리를 설치할 지형의 선택부터 필요한 배의 수와 크기, 연결법, 난간 설치 등 기술적인 측면은 물론 민간 선박의 동원으로 발생하는 문제점과 그 해결 방안 등 행정적인 측면까지 포함되어 있었다. 이를 토대로 정약용(丁若鏞, 1762년~1836년)을 비롯한 신하들이 세부적인 설계와 계속되는 실험을 거듭한 끝에 마침내 을묘년의 배다리가 완성될 수 있었다.

새로운 배다리는 이전과 비교해 과학적이면서도 경제적인 존재로 완벽하게 변신했다.

예전에는 배다리를 설치할 때마다 큰 배를 물가에 집채처럼 몰아 선창을 세웠다가 배다리를 철거할 때 함께 헐어 버려 공역과 비용이 많이 소요되었다. 이에 강가의 잡석을 모아 축대를 높이 쌓은 다음 석회로 틈을 메워 영구히 사용할 수 있는 선창을 만들었다. 또 한강의 폭을 정확히 측정해 배다리에 사용될 배가 몇 척이나 필요한지 파악했다. 당시 용산과 노량 사이의 강폭은 190발[把]로, 요즘 길이로 환산하면 약 336미터 정도였다. 계산을 통해 모두 36척의 배를 사용했는데, 가장 큰 배를 중앙에 놓고 양쪽으로 갈수록 작은 배를 배치해 아치형으로 제작했다. 나머지 작은 배들은 배다리의 왼쪽과 오른쪽에 나누어 호위하는 역할에 쓰이게 하였다. 연산군 때 배다리 건설에 800척이 소요된 것에 비하면 매우 경제적인 방법이었다.

배들은 견아상제(犬牙相制)●라 하여 선수와 선미를 엇갈린 형태로 배치한 다음 세로 막대[縱樑]와 버팀목[洞柱]으로 연결해 물살에도 흔들림이 없게 했다. 그 위에 소나무 판자를 덮고 잔디를 깔았으며 난간을 설치했다.

필요한 배는 민간 선박 중에서 좋은 것을 사용했는데, 세곡이나 소금 운반 등의 이권을 줌으로써 징발에 따른 불만을 없애고 자발적인 참여를 가능하게 했다. 배들은 넓이와 높이에 따라 분류하고 각각 번호를 매겨 관리함으로써 시간과 비용을 절감할 수 있게 했다. 배다리 건설에 사용된 기둥이나 난간, 판자 등의 재료들은 노량진에 보관 창고를 별도로 지어, 다음 배다리 건설에 재활용할 수 있게 하였다.

1795년 2월, 드디어 새로운 기술에 의한 배다리가 모습을 드러냈다. 보통 수개월 걸리던 공사 기간을 20일로 줄인 터였지만, 이마저도 크게 단축하며 11일 만에 완성했다. 동원된 인원과 선박은 크게 줄었으며 비용도 획기적으로 절감되었다. 참가자들에게는 적절한 이권을 제공해 불만은 최소화하고 오히려 자발적인 참여를 유도할 수 있었다.

엄청난 비용과 백성들의 피해로 골칫거리였던 배다리는, 장엄해야 할 국왕의 행렬을 매번 멈칫하게 했던 그 장애물은 이로써 전체 행렬 코스 중에서도 가장 으뜸으로 손꼽히는 명장면으로 완벽하게 변신하게 되었다.

● 개의 이빨처럼 들쭉날쭉 서로 맞물리는 모양새를 가리킨다.

컴퓨터그래픽스로 재현한 배다리 행차

「의궤, 8일간의 축제」제작팀은 이 모습을 실제 촬영과 컴퓨터그래픽스를 결합해 부활시켰다. 이를 재현해 내는 작업이 다큐멘터리 제작 중 가장 어려운 도전이었다. 여러 영화와 드라마의 제작팀들도 많은 어려움을 토로했던 장면이었다. 300미터가 넘는 배다리를 한강에 실제로 만드는 것은 현실적으로 불가능했기 때문이다. 그렇다고 컴퓨터그래픽스만을 사용할 수도 없었다. 대규모 행렬이 한 치의 흐트러짐 없이 배다리를 건너는 장관을 살려 내기에는 한계가 있었기 때문이다.

힌트는 정조의 『주교지남』에 있었다. 정밀한 측정을 통해 필요한 재료를 구체화하고, 과학기술을 통해 효과는 극대화하면서도 비용은 최대한 줄이는 것이다. 제작팀은 이를 위해서 특별한 세트를 만들었다. 바닥은 실제 소나무를 이용해 만들고 배경은 컴퓨터그래픽스를 활용하는 것이었다. 수많은 횡판이 바닥에 깔렸고 주변에는 엄청난 크기의 크로마키(chroma key) 천이 세워졌다. 우리나라 드라마 사상 최대인 길이 80미터, 폭 20미터, 높이 4미터의 야외 크로마키 세트를 통해 정조의 행렬이 배다리를 건너는 장면을 촬영할 수 있었다.

박준균 특수 영상 감독의 얘기를 들어 보자.

좀 더 사실적이고 생동감 넘치는 장면을 연출하기 위해서는 전부 컴퓨터그래픽스로 그리는 대신 실사 부분을 많이 넣어야 했습니다. 이걸 해결하기 위해서 제작진은 길이 80미터, 폭 20미터의 대형 야외 크로마키 세트를 설치했습니다. 이 세트 덕분에 장대한 행렬을 생동감 있게 영상으로 담을 수 있었죠.

컴퓨터그래픽스로 재현한
배다리 제작 원리

새로운 길

용양봉저정에서 점심을 먹다

• 정조가 화성으로 원행
을 떠날 때 한강을 건넌
후 잠시 쉴 자리가 필요해
1791년 무렵에 지었다고
알려져 있다. 당시에는 누
각과 정자 등을 포함해 두
세 채의 건물이 있었던 것
으로 추정되나, 지금은 정
면 여섯 칸, 측면 두 칸 규
모의 정자만 남아 있다.
서울특별시 동작구 노량
진로32길 14-7에 있다.

　　배다리를 건넌 왕의 행차는 용양봉저정(龍驤鳳翥亭)•에 도착했다. 용이
뛰놀 듯 한강을 건너온 행렬은 이곳에서 휴식을 취하며 봉황새처럼 날아오
를 채비를 할 것이다.

　　창덕궁 돈화문부터 어머니 혜경궁 홍씨를 바짝 뒤따르던 정조는 배다리
의 중앙 홍살문에서 말을 내려 어머니께 안부를 전한 후 자궁가교를 앞질러
용양봉저정에 먼저 도착해 있었다. 오전 내내 가마를 탄 어머니께 올릴 음식
과 잠시 쉴 방을 미리 살펴보기 위해서였다. 정리사가 음식을 가져오자 직접

살펴보고 어머니께 올렸다.

혜경궁은 이곳에서 다과상인 조다소반과(早茶小盤果)와 아침인 조수라(朝水刺)를 받았는데, 내용은 다음과 같다.

▸ 조다소반과: 혜경궁께 올리는 다과상

자기로 16기를 올리고 검은 칠의 족반을 사용한다.

재료 및 분량: 각종 떡 1그릇, 약밥 1그릇, 국수 1그릇, 다식과 1그릇, 각종 강정 1그릇, 각종 다식 1그릇, 각종 당 1그릇, 산약(마) 1그릇, 조란·율란(棗卵栗卵) 1그릇, 각종 정과 1그릇, 수정과 1그릇, 별잡탕 1그릇, 완자탕 1그릇, 각종 전유화 1그릇, 각종 어채● 1그릇, 편육 1그릇, 꿀[淸] 1그릇, 초장 1그릇, 상화 10개(소수파련 1개, 홍도별삼지화 1개, 별건화 1개, 홍도간화 3개, 지간화 4개)이다.

▸ 조수라: 혜경궁께 올리는 아침 상차림

상은 원반(元盤)과 협반(挾盤)이 있는데, 모두 검은 칠을 한 족반으로서, 원반에는 유기(鍮器)로 10기를, 협반에는 화기(畵器)로 3기를 올린다.

재료 및 분량: 밥 1그릇(팥물로 지은 밥), 국 1그릇(어장탕(漁腸湯)), 조치 2그릇(숭어찜[秀漁蒸]과 골탕), 구이 1그릇(쇠고기, 돼지갈비, 우족, 숭어, 꿩구이), 자반 1그릇(염민어, 불염민어, 편포, 염포, 염송어, 건치, 전복포, 장복이), 생치병(生雉餠) 1그릇, 해 1그릇(생복해, 석화해, 합해) 채● 1그릇(박고지, 미나리, 도라지, 무순, 죽순, 움파, 오이), 담침채● 1그릇(배추[白菜]), 장 3그릇(간장 1기, 증감장 1기, 초장 1기), 생복찜[生鰒蒸] 1그릇, 양만두 1그릇, 각색적 1그릇(갈비, 우족, 요골, 설야적, 산적)이다.●

정조가 받은 상은 혜경궁보다 간소했다. 혜경궁의 조수라가 13기였던 것에 비해 정조와 두 군주의 수라상은 7기였다. 행차를 진행할 때 사치나 낭비를 금하고 경계했던 정조는 왕의 수라상이라고 할지라도 음식이 10그릇 이상 넘지 않도록 미리 조치해 두었고, 사용한 그릇과 상은 10년 뒤에도 사

● 생선 살과 각종 채소에 녹말을 묻혀 끓는 물에 데친 요리.

● 채소 등에 간과 양념을 한 음식.

● 고춧가루 등 매운 양념을 뺀 김치.

● 『원행을묘정리의궤』, 권4, 「찬품(饌品)」.

『화성원행의궤도』 중
「기용도(器用圖)」.
수라상에 쓰인
갖가지 기물의
모습을 확인할 수
있다.

용할 수 있도록 유념해 보관하라고 지시했다. 물론 어머니 혜경궁은 이 조항
에서 예외였고 행차 내내 최대한 융숭하게 대접하였다.

휴게소의 별미, 미음 다반

용양봉저정에서 잠시 휴식을 취한 행렬은 오전 11시 30분 무렵에 다시

「환어행렬도」에 나타난
자궁가교와 수라가자

「환어행렬도」에 묘사된
시흥행궁

길을 떠났다. 목적지는 약 5킬로미터 떨어진 시흥행궁. 장승백이 고개를 지나 상도동길, 번대방평(서울특별시 동작구 대방동)으로 향했다. 그리고 시흥현 문성동 앞길에 이르렀다. 지금의 시흥대로이다. 정조는 이곳에서 행렬을 잠시 멈추게 했는데, 거기에는 조리사들이 미리 도착해 음식을 만들어 놓았다. 메뉴는 대추미음. 장거리 여행에 나선 노인이 소화하기 좋은 음식이었다. 상에는 미음 말고도 양, 전복, 묵은닭, 홍합을 내린 고음 1기가, 그리고 산사, 모과, 유자, 동아, 배, 생강, 전약으로 만든 정과 1기가 함께 올려졌다. 정조는 혜경궁 홍씨의 가마 주변에 청포장(靑布帳)을 치라고 명령한 다음 미음 다반을 직접 들고 가서 전하며 어머니의 건강을 세심히 살폈다.

마치 고속도로 휴게소와 같은 그때 모습은 「환어행렬도」에 잘 나타나 있다. 큰 포장을 두른 혜경궁 가마 주위에는 시중을 드는 궁궐 나인들이 자리하고 있고, 가마를 끌던 말은 잠시 휴식을 취한다. 왼쪽 아래에는 음식을 만들던 이동식 수랏간, 즉 수라가자가 보인다.

행렬은 저녁 무렵 유숙지인 시흥행궁에 도착했다. 용양봉저정과 마찬가지로 정조는 먼저 도착해 행궁을 둘러보고 혜경궁을 기다렸다가 모시고 들어갔다. 호위 군사들은 부대의 종류에 따라 각기 휴식처가 달랐다. 어가를 가까이서 수행하는 가후금군과 가전별초는 시흥 동구에서 좌우로 나누어 편한 대로 휴식하게 했다. 선구금군과 난후금군은 동구 밖 조금 넓은 곳에 합병하여 휴식하게 했다.

새로 만든 길, 시흥길

1795년의 행차는 대규모 인원이 참가하는 데다 이동 거리가 30킬로미터를 넘는 장거리 여행이었다. 한강을 건너는 방법과 함께 가장 큰 문제로 대두된 것이 도로의 문제였다. 이전에는 남태령(南泰嶺)을 넘어 과천으로 가는 길을 이용했는데 고개가 많아 불편함이 컸다. 특히 남태령은 산세가 험준하고 숲이 울창해 어가가 지나기에는 어려움이 많았고, 길을 정비하는 것도 만만치 않았다. 길을 닦아야 하는 백성들도 고달팠고, 잘 다듬어지지 않

시흥길을 통한 정조
의 행차 코스

은 구간이 발생하면 관원들이 문책당하는 일도 많았다.

정조는 지난해 능행길을 수정하기로 결심했다. 장승백이를 지나 시흥으로 가는 새로운 길을 선택한 것이다. 이때 만들어진 것이 시흥길●인데, 지대가 낮고 길이 평탄해 장점이 있었던 반면에 개울이 많아 다리를 많이 세워야 하는 단점도 있었다. 시흥길 건설의 총책임자로 경기 감사 서용보를 임명했다. 건설 비용은 평안도 남당성(南塘城)● 공사비 중 남은 돈 1만 3000냥을 쓰게 했다. 1794년에 드디어 폭 24척(10미터)에 이르는 새 길이 만들어졌다. 이로써 능행길의 노선이 확 바뀌었는데, 이전보다 거리는 줄고 다리의 수는 늘어나 총 24개의 다리가 놓였다.

시흥길 완공 후, 정조는 금천 현감(縣監)을 현령(縣令)으로 승격●시키고, 마을 이름도 금천(衿川)에서 '새로운 흥성'을 뜻하는 시흥(始興)으로 바꾸었다.● 이처럼 도로 건설에 참여한 관리들을 승격시키고 해당 지역의 지명을 개칭한 것은 정조가 처음부터 시흥길을 단순히 원행용 도로가 아니라 시흥의 발전을 꾀해 수도권을 확대하고 부흥시키기 위한 용도로 건설했음을 짐작게 한다.

● 국내 최초 국도인 1번 국도의 서울-수원 구간에 해당한다.
● 1769년(영조 45)에 평안도 안주의 청천강변에 축조한 성이다.
● 현감의 품계는 종6품이고, 현령의 품계는 종5품이다.
● 현재는 경기도 시흥시가 아니라 서울특별시 금천구에 시흥동이 있다.

정약용과 서용보의 악연

을묘년 행행의 난코스를 극복하는 데 큰 공을 세운 인물로는 정약용과 서용보를 꼽을 수 있다. 정약용은 과학적이면서도 경제적인 방법으로 배다리를 건설해 한강을 건너는 방법을 해결했고, 서용보는 시흥길을 닦아 어가 행렬이 험준한 남태령을 피해 안전하게 수원으로 가는 데 중심 역할을 했다. 두 사람은 모두 정조의 총애를 받았지만, 정작 서로는 악연을 거듭하게 된다.

서용보는 18세에 과거에 급제해 37세에 경기도 관찰사를 지내는 등 출세 가도를 달리고 있었다. 그보다 다섯 살이 어렸던 정약용은 28세가 되던 1789년(정조13)에 과거에 급제했고 규장각을 거쳐 1794년(정조 18)에 암행어사(暗行御史)로 경기도 일원을 둘러보고 있었다. 여기서 운명적인 사건을 마주하게 된다. 서용보가 관청의 곡식을 이용해 백성들에게 높은 이자를 받아 폭리를 취하고, 사람들을 속여 마을 땅을 차지하는 등 많은 비리를 저질렀음을 알게 된 것이다. 이에 서용보의 죄상을 낱낱이 파악해 정조에게 보고하였고, 서용보는 관찰사에서 파직되었다.

평소 정조의 두터운 신임을 받으며 잘나가던 서용보는 이 악연으로 인해 정약용에게 두고두고 앙갚음하게 된다. 이후 서용보는 복권이 되어 판서와 정승을 두루 거치게 되지만 정조가 세상을 떠난 후 1801년(순조 1) 천주교 박해 사건인 신유사옥(辛酉邪獄)● 때 천주교 신자였던 정약용 일가는 모진 고초를 당하게 된다. 왕을 비롯한 많은 사람이 정약용을 무죄로 석방하고자 했으나 당시 좌의정이었던 서용보는 결코 풀어줘서는 안 된다고 고집을 부렸다. 결국 정약용은 유배를 떠나게 되었다. 같은 해 10월 황사영(黃嗣永, 1775년~1801년) 백서(帛書) 사건●이 터지자 서용보는 또다시 정약용을 전라도 강진으로 유배 보내는 데 결정적 역할을 하게 된다. 정약용은 유배 기간 중 몇 차례 귀양살이를 면할 기회가 있

● 1800년에 정조가 죽자 정계의 주도권을 쥔 노론 벽파(辟派)가 남인 시파(時派)의 세력을 꺾기 위해 정순왕후를 움직여 대대적인 천주교 박해에 나선 사건. 수많은 교인이 체포되고 300여 명의 순교자가 생겼다. 천주교에 가해진 최초의 대대적 박해였으며, 살아남은 신도들이 흩어져 전국적으로 확산하는 계기가 되기도 했다.

● 초창기 한국 가톨릭 교회 지도자의 한 사람인 황사영이 신유사옥의 전말과 그 대응책을 흰 비단에 적어 중국 북경의 알레산드르 드 고베아(Alexandre de Gouvea) 주교에게 보내고자 했으나 사전에 발각되어 많은 관련자가 처형당하고 천주교인들에 대한 탄압이 더욱 강화되는 계기가 되었다.

었으나 서용보가 이를 저지해 유배 기간은 18년 동안 이어지게 되었다.

1818년 정약용이 57세가 되던 해에 귀양살이를 마치고 돌아오자 이듬해 조정에서는 정약용을 다시 등용하자는 논의가 있었으나 역시 서용보의 저지로 무산되고 만다. 남을 비방하는 글은 쓰지 않던 정약용 역시 「자찬묘지명(自撰墓誌銘)」에서 이 같은 사실을 밝히는 것으로 보아 꽤나 큰 마음의 상처를 입었었던 것으로 보인다. 두 사람의 악연 때문에 정약용은 500권이 넘는 방대한 저술 활동을 하게 되는데, 아이러니한 역사다.

다산 정약용 초상

먹구름

검게 드리운

● 묘시는 오전 5시에서 7시 사이에 해당하고, 묘시 정 3각은 오전 6시 45분 무렵 이다.
● 만안교는 1795년 윤2월 10일 당시에 나무다리였 다. 국왕 행차가 끝나고 정조는 경기관찰사 서유 방에게 영구적으로 사용 할 수 있는 돌다리로 만들 라고 명했다. 그리고 '만 년 동안 사람들이 편안하 게 건널 수 있는 다리'라 는 뜻의 만안교(萬安橋) 라는 이름을 내렸다.
● 경기도 의왕시 오전동 에 있는 성 라자로 마을 입 구 부근이다.
● 경기도 의왕시 오전동 부근이다.
● 1790년에 정조가 지금 의 의왕시 왕곡동 골사그 내 부근에 지은 것으로 추 정되는 행궁. 용양봉저정 (노량행궁), 시흥행궁과 마찬가지로 1789년에 정 조가 사도세자의 무덤을 수원 화성으로 이장한 후 그곳으로 거둥하기 위해 지은 행궁 중 하나다. 정 조는 1790년에서 1795년 사이에 걸쳐 사근참행궁 을 비롯해 시흥행궁, 과천 행궁, 안양행궁, 안산행 궁, 화성행궁 등 모두 6개 의 행궁을 지었다.

큰비가 내리다

낯선 선택

"비가 오려고 자못 잔뜩 흐리니 불가불 일찍 출발할 것이다. 시위 군병은 즉시 정돈하고 대기하라." 묘시(卯時) 정3각,● 삼취(三吹)가 울리자 행렬은 시흥행궁을 출발했다. 대박산 벌판(수도권 전철 1호선 석수역 부근)을 지나, 만안교●(경기도 안양시 만안구 석수2동)를 건넜다. 만안교는 왕의 행차를 가장 잘 볼 수 있는 곳으로, 수많은 백성이 구름처럼 몰려와 왕의 행차를 구 경했다.

만안교를 지난 행렬은 안양참(安養站) 앞길(수도권 전철 1호선 안양역 부근)에서 행차를 잠시 쉬게 하였다. 쉬는 동안 정조는 어머니 혜경궁 홍씨 에게 직접 미음을 올리며 건강을 살폈다. 원족유쟁반을 사용하여 3그릇을 올렸는데, 미음 1그릇은 대추미음이고, 고음 1그릇의 재료는 양, 도가니, 묵 은닭이며, 정과 1그릇은 생강, 연근, 동아, 도라지, 산사, 유자, 모과로 만든 것이었다.

휴식을 마친 행렬은 원동천(院洞川)●을 지나, 사근평(肆謹坪)●을 거쳐 사근참행궁●에 이르렀다. 이곳에서 점심을 먹을 계획이다. 정조는 먼저 행

오늘날의 만안교

고음 1기(왼쪽 위),
미음 1기(오른쪽 위),
정과 1기(아래쪽)

KBS 다큐멘터리
「의궤, 8일간의 축제」에서
복원한 미음 다반.
『원행을묘정리의궤』의
기록에 따라 한복려 원장이
복원을 담당했다.

궁으로 가서 여러 가지를 두루 살피고 혜경궁을 맞이했다.

사근참행궁에서 식사를 마칠 무렵, 비가 내리기 시작했다. 그동안 정조는 어머니의 장거리 여행을 염려해 극진한 보살핌을 아끼지 않았다. 서울에서 수원까지 통상 하룻길이지만 이틀에 걸쳐 이동할 만큼 속도를 늦추었으며, 조그만 문제라도 발견되면 행렬을 멈추고 안부를 살폈다. 그런데 이 순간 정조는 낯선 선택을 하게 된다.

빗발이 비록 그칠 것 같지는 않더라도, 사근참행궁의 새로 건축한 방사(房舍)가 얕고 드러난 곳이 많아 하룻밤을 지내기에 어려움이 있으며, 또 백관과 군병이 밖에서 비를 맞으니 당장 염려되는 점이 많다. 이곳에서 화성까지의 거리가 1사(舍)도 못 되니 때맞추어 들어갈 수 있을 것이다. 조금 있다가 곧바로 삼취를 하달하라.

황금 갑옷을 입은 국왕

비를 뚫고 행렬을 강행하기로 한 정조는 우비(雨其) 차림으로 행렬을 재촉했다. 비는 내리고, 길은 미끄러웠다. 그러나 왕은 행렬을 멈추지 않았다. 미륵현(彌勒峴)을 넘은 행렬은 용두(龍頭) 앞길을 거쳐 진목정(眞木亭)에 이르렀다. 화성의 북문 장안문이 불과 몇 리밖에 남지 않은 곳이었다.

총리대신 채제공이 길 왼편에서 어가를 맞이했다. 또한 장용외영의 친군위(親軍衛)가 고취(鼓吹)를 연주하고, 여령(女伶)이 나와서 대기하고 있었다. 정조는 행렬을 멈추게 하고 병조판서 심환지를 불러 "어가가 화성 성문에 도착하면 군문(軍門)에 들어가는 절차가 있어야 할 것이니, 경은 여러 장신(將臣)이 있는 영접소(迎接所)에 먼저 가 있으라."라고 명한 뒤, 이어서 막차 설치를 명했다.

목적지 수원은 불과 1킬로미터 앞에 있었다. 1789년(정조 13), 사도세자의 묘를 화산으로 옮긴 후 수원은 완전히 새롭게 탈바꿈하고 있었다. 수원

• 거리의 단위로 1사는 30리에 해당한다.
• 경기도 의왕시 왕곡동과 경기도 수원시 장안구 파장동 사이에 있는 지지대고개 부근이다.
• 지지대 고개 정상에서 옛 국도를 따라 내려오는 길에 있는 노송지대 부근이다.
• 경기도 수원시 장안구의 만석공원 부근이다.
• 조선 시대에 궁중 잔치에서 춤추고 노래하던 여성을 가리킨다.

읍치는 팔달산 아래로 옮겨졌고, 1793년(정조 17)에는 수원을 '화성'으로 이름을 바꾸고 유수부(留守府)[●]로 승격했다. 1794년(정조 18) 1월, 4600보에 달하는 화성을 축조하기 시작했다. 완공을 눈앞에 둔 화성은 도시 전체를 감싸고 있었고, 주민의 절반은 장용외영 군사로 채워져 있었다. 화성은 평범한 도시가 아니라 하나의 거대한 요새였으며, 잘 조직된 군영이었다.

막차 안에는 금갑(金甲), 즉 황금 갑옷과 투구가 준비되어 있었다. 용의 모양을 한 금장식이 불빛에 찬란한 빛을 반사했다. 정조는 구군복을 벗고 황금 갑옷으로 갈아입었다. 축제는 서서히 또 다른 얼굴을 드러내기 시작하고 있었다.

여전히 비가 내리고 있었다. 황금 갑옷을 입은 국왕은 그 비를 뚫고 앞으로 나아갔다. 그리고 마침내 수천 명의 국왕 행렬은 창덕궁을 떠난 지 이틀 만에 목적지 화성에 도착했다. 장안문 앞에는 유의(油衣)[●]를 입은 마병들이 좌우로 늘어서 행렬을 맞이했고, 화성 유수 조심태가 장관(將官) 이하를 인솔하여 길 왼편에서 무릎을 꿇고 영접하였다. 화성을 지키는 장용외영 군사들은 국왕의 도착에 강렬한 눈빛으로 환영을 대신하고 있었다. 취타대의 연주가 빗소리와 뒤섞이며 장안문 주변에 울려 퍼졌다.

화성행궁의 밤

그날도 비가 내렸다

장안문을 통과한 어가 행렬은 신풍루(新豊樓)[●]를 지나 화성행궁에 들어섰다. 먼저 혜경궁 홍씨의 처소인 장락당(長樂堂)을 살피고 저녁을 올렸다. 국왕 처소인 유여택(維與宅)에서 신하들에게 다음과 같이 하교했다.

오늘 비에 젖음이 비록 미안하기는 하나, 나는 또한 스스로 마음에 걸리는 것이 없다고 여긴다. 대개 모든 일에 십분 원만한 것을 바라서는 안 된다.

● 옛 도읍지나 군사적 요지에 설치된 행정기관. 개성, 강화, 광주와 함께 이른바 네 유수부 중 하나가 된 것이다.
● 일종의 우비로 종이, 포목으로 지어 기름에 결인 옷이다.
● 신풍루는 2층 구조로 된 6칸 규모의 누각 문으로, 화성행궁의 정문 역할을 한다. 세워질 당시인 1790년에는 진남루(鎮南樓)라고 했으나, 정조가 1795년에 신풍루로 이름을 바꾸었다. 한 고조 유방의 고향 풍패(豊沛)에서 비롯된 이름으로 정조가 화성을 고향처럼 여긴다는 의미이다. 김준혁, 『이산정조, 꿈의 도시 화성을 세우다』(여유당, 2008), 305쪽 참조.

어제는 이미 날씨가 화창하고 따뜻했고, 내일은 또 경사스러운 행사가 많다. 수십 리 사이에 잠깐 비가 왔다가 맑게 개니 역시 다행이라 하겠다. 더구나 농사일이 앞으로 시작되는데 밭두둑을 흠뻑 적셨으니 어찌 농부들의 경사가 아니겠는가?

이어서 수행한 군사들에게 휴식을 명하고 암행어사 홍병신(洪秉臣)에게 각 군영의 병사들이 말썽을 일으키거나 지방관이 백성을 노역시키는 일이 있는지를 확인했다. 또한 한양의 성내 근무자들에게 업무 보고를 받으며 하루의 일정을 마쳤다.

수천 명의 수행원에 둘러싸인 채 연로한 어머니를 모시고 이틀간 장거리 여행을 강행한 정조는 비로소 혼자만의 시간을 갖게 되었다. 비에 젖은 화성 행궁에 어둠이 내려앉았다.

33년 전, 그날도 비가 내렸다.

천둥과 함께 거센 비가 내리던 날, 아버지는 마침내 숨을 거두었다.

폭우가 내리고 천둥이 치니 천둥소리를 두려워하시던 일이나 어찌 되신고 하는 생각 차마 형용할 수 없었다. 음식을 끊고 굶어 죽고 싶고, 깊은 물에라도 빠지고 싶고, 수건을 어루만지며 칼도 자주 들었으나 마음이 약하여 강한 결단을 못 하였다. 그러나 먹을 수 없어서 냉수도 미음도 먹은 일이 없으나 목숨 지탱한 것이 괴이하였다. 그 20일 밤에 비 오던 때가 동궁께서 숨지신 때든가 싶으니 차마 어찌 견디어 이 지경이 되셨던가? 그저 온몸이 원통하니 내 몸 살아난 것이 모질고 흉악하다.•

• 아무런 신분이나 특권이 없는 평민을 가리킨다.
• 왕세자의 맏아들. 여기서는 훗날의 정조로, 당시 나이는 11세였다.

1762년(영조 38) 윤5월 13일, 영조는 대리청정 중인 왕세자를 폐하고 서인(庶人)•으로 삼는다는 명을 내렸다. 그리고 뒤주에 깊이 가두라는 명을 내렸다. 세손•이 엎드려 울부짖으며 아버지를 살려 달라고 애원했지만, 소용이 없었다. 한여름에 뒤주 속에서 음식과 물도 없이 갇혀 있던 사도세자

99

(당시 28세)는 윤5월 21일, 숨을 거둔 채 발견된다. 뒤주에 갇힌 지 8일째 되던 날이었다.

사랑하지 않으니 서럽고, 꾸중하기에 무서워

임오년(1762년)에 사도세자가 뒤주에 갇혀 숨을 거둔 사건을 임오화변(壬午禍變)이라고 한다. 사도세자의 죽음은 조선 역사상 최고의 논쟁거리 중 하나다.

영조는 조선의 최장수(83세) 국왕이었으며 통치 기간도 51년 7개월로 가장 길었다. 하지만 대를 이을 왕자는 단 두 명밖에 얻지 못했다. 큰아들 효장세자는 열 살에 병으로 죽었고 오랫동안 후사가 없다가 7년 만에 사도세자가 태어났다. 영조는 어찌나 기뻤던지 이듬해 바로 세자 책봉을 단행했다. 두 살짜리 갓난아이를 책봉하는 것은 매우 이례적인 일이었다.

사도세자는 어렸을 때부터 총명해 세 살 때 부왕과 대신들 앞에서 『효경(孝經)』을 외웠고, 일곱 살에 『동몽선습(童蒙先習)』을 뗐다. 하지만 평소 병서를 탐독하고 군사놀이를 즐겨하는 등 무예에 관심이 많았다. 사도세자의 호방한 성품과 타고난 무인 기질은 영조에게는 못마땅한 일이었다. 콤플렉스가 많고 편집증적 성향이 있었던 영조는 세자가 학문을 좋아하는 군주가 되기를 바랐다. 특히 대리청정을 시작한 이후부터 부자간의 갈등은 격화되었다. 영조의 질책은 잦아지고 사도세자의 두려움은 점점 더 커졌다.

세자는 의대증(衣帶症)이라는 병까지 걸렸는데, 옷 입기를 어려워하는 희귀한 강박증이었다. 『한중록(閑中錄)』에 따르면 옷을 입다가 맞지 않는다 싶으면 벗어 던졌다가 입기를 반복했고, 어떤 경우에는 옷 한 번 갈아입는 데 수십 벌이 필요한 때도 있었다고 한다. 입지 못한 옷은 귀신을 위해 불태우기도 했다. 이런 과정에서 종종 사람을 죽이는 일도 발생했다. 사도세자는 내관과 나인을 여럿 죽이고 후궁인 경빈 박씨마저 살해했다. 하루는 영조가 어디서 무슨 말을 들었는지 세자를 직접 찾아와 한 일을 바로 아뢰라고 다그

英祖大王御真 光武四年 庚子移摹

치니 세자는 "화가 나면 견디지 못하여 사람을 죽이거나 닭 같은 짐승이라도 죽여야 마음이 가라앉나이다."라고 답했고, "상감께서 사랑하지 않으시니 서럽고, 꾸중하시기에 무서워 화가 되어 그러하오이다."라고도 답했다.

결국 1762년(영조 38) 5월 사도세자의 운명을 결정짓는 사건이 발생한다. 형조판서 윤급의 청지기*였던 나경언이 그간 사도세자가 저지른 허물과 비리를 고해바친 것이다. 영조는 세자의 비행을 숨겨온 신하들에게 엄중한 경고를 하고, 세자를 크게 질책했다. 억울해하는 세자는 나경언과 대질하게 해 달라고 요구했지만, 오히려 더 큰 꾸지람만 받았을 뿐이다.

나경언의 고변장은 영조와 일부 신하가 읽은 후 바로 불에 태워져 구체적인 내용을 알 수는 없다. 다만 영조의 발언을 통해 확인할 수 있는 것은 왕손의 어미(경빈 박씨)를 죽인 것, 여승을 궁에 들인 것, 서로(西路)*에 나가 평양을 유람한 것, 시전상인들에게 돈을 빌리고 갚지 않은 것 등이다.

사도세자는 한 달 가까이 석고대죄했으나 끝내 용서받지 못했다. 상황이 점점 더 파국을 향해 치닫자 윤5월 11일, 사도세자가 칼을 들고 영조의 처소인 경희궁을 찾아가는 사건이 벌어졌다. 삽시간에 소문이 퍼졌고 이는 급기야 사도세자의 친모인 영빈 이씨마저 완전히 등을 돌리는 계기가 되었다. 영빈 이씨는 영조에게 이 사실을 전하며 "옥체를 보호하고 대처분을 하시되 세손 모자는 살려 주십시오"라고 간청했다. 결국 영조는 최종 결심을 하기에 이르렀다.

아버지 당, 아들 당

영조는 태어나면서부터 궁정 암투의 한복판에 있었다. 친모가 무수리 출신이라는 출생의 한계가 있었고, 숙종 말년에 후계자 지정 문제를 놓고 연잉군(영조)을 지지하였던 노론과 세자(경종)를 지지하였던 소론 사이에서 큰 혼란을 겪어야 했다. 즉위 후에는 이인좌의 난*과 같은 전국적인 반란을 겪어야 했고 재위 기간 내내 경종 독살설에 시달려야 했다.

* 양반집에서 잡일을 보거나 시중을 들던 사람. 대개 중인이 맡았고, 천인 노비와는 다르다.

* 황해도와 평안도를 두루 이르는 말.

* 영조의 즉위로 집권한 노론 세력에 밀려난 소론 세력의 일부가 경종의 의문사에 의혹을 제기하며 일으킨 반란이다.

102

피비린내 나는 당파싸움의 한가운데 있었던 영조는 부실한 정통성과 보복의 악순환으로 이어지는 정치 환경을 바꾸고자 큰 노력을 기울였다. 복잡한 당파 관계를 조율하는 데 노심초사하며 탕평책을 이어 가고 있었다.

그러나 나경언의 고변으로 인해 수면 아래에 있던 갈등이 급부상하게 된다. 나경언이 영조에게 직접 전한 문서에는 사도세자가 관련된 역모가 언급된 것으로 알려졌다. 문서는 서둘러 불태워졌고 별다른 관련 조사도 없이 영조는 세자의 신분에 대한 장고에 들어갔다. 1762년 윤5월 6일 자『영조실록』을 보면 나경언을 처벌하라는 신하들의 요청에 영조는 "나경언이 어찌 역적이겠는가? 오늘의 조정 신하들의 치우친 논의가 도리어 부당(父黨)·자당(子黨)이 되었으니,* 조정의 신하가 모두 역적이다."라고 대답한다.

영조가 수없이 가슴을 치며 분함을 이기지 못하니 여러 신하가 두려워하다가 아침이 되어서야 물러났다.

임오화변의 원인이 당쟁에 의한 희생인지 아니면 영조와 사도세자의 기질 차이에서 비롯된 것인지 정확히 알기 어려워 무수한 논쟁이 반복되고 있다. 다만 유일한 왕권 후계자였던 아들을 죽음으로 내몰아야 할 만큼 강력한 충격이 있었던 것만큼은 부인하기 어렵다. 영조로서는 "변란이 호흡에 달려 있다."*라고 판단할 만큼 중대한 사태의 임박을 받았던 것으로 보인다.

그럼에도 불구하고 외아들인 사도세자를 폐하고 뒤주에 가둘 수 있었던 배경에는 세손의 존재가 어떤 연관성을 가졌는지도 모른다. 총명하기 그지없고 영조의 뜻에 순종하는 세손은 이미 11세가 되어 있었다.

* 아버지의 당과 아들의 당으로, 즉 영조를 지지하는 당과 세자를 지지하는 당으로 나뉘었다는 이야기이다.
* 『영조실록』 38년(1762) 윤5월 13일.

사중지공
공중지사

정조는 어려서 커다란 정신적 충격을 받았다. 11세 때 할아버지가 아버지를 죽이는 것을 지켜봐야 했으며, 아버지의 죽음에 가담했던 세력들의 견제를 받으며 자랐다. 25세에 왕위에 올랐지만 일곱 번이나 자객의 위협을 받아야 했다. 이처럼 불행한 의식 속에서 살아가야 했던 정조는 '사중지공(私中之公)'을 국가 경영에 활용함으로써 어려움을 극복할 수 있었다.

정조는 공과 사의 관계에 놀라운 통찰을 지니고 있었다. 1789년(정조 13)에 신하들과 대화를 나누다가 이런 이야기를 한다.

> 사심(私心) 안에 공심(公心)이 저절로 있으며 공심 안에 역시 사심이 있다. 사심 안의 공심은 겉은 비록 굽어 보여도 내심은 용서할 만하며 공심 속 사심은 겉모습은 비록 곧아 보여도 속마음은 굽어 있다.•

정조는 사심과 공심을 엄격히 분리할 수 없음을 말하고 있다. 중요한 것은 사심과 공심 사이의 관계인데, 정조는 사심 안에 있는 공공의 마음을 어떻게 살려 내는지가 중요하다고 생각했다. 즉, 개인적 동기에서 출발했으나 공적 효과를 거두게 하는 쪽으로 국가를 경영해야 한다는 것이다.

사실 정조가 취한 많은 조치는 그 출발점이 사적인 것이 많았다. 세손일 때나 즉위한 다음에도 취약했던 왕권을 강화하기 위해 지지 세력을 규합하는 일이 중요했다. 이를 위해 규장각을 세워 문신들을 지지 세력으로 끌어들이고 장용영을 창설해 무신들을 규합했는데, 결과적으로 국가에 필요한 싱크탱크를 만들고 국방을 튼튼히 하는 데 크게 기여했다.

정조는 아버지 사도세자가 정치적 모함에 휘말려 억울하게 죽었다고 생각

• 『홍재전서(弘齋全書)』 175권, 「일득록」 15.

했으므로 취임 초부터 억울한 재판이 없는 나라를 만들기 위해 큰 노력을 했다. 범죄 사실의 객관적 조사와 재판을 위해 수많은 책을 펴내기도 했다. 또한 사도 세자의 명예를 회복시키는 과정에서 정쟁에 희생된 각 당파 조상들의 명예를 회복해 주기도 했다. 그리고 개혁에 반대하는 기득권 세력을 약화하기 위해 금난 전권을 혁파했는데, 결과적으로 왜곡된 시장 질서를 바로잡고 백성들의 생활을 편리하게 하며 국가 재정을 튼튼히 하는 데 기여했다.

아버지 묘소를 좋은 곳으로 옮기는 과정에서 그 인근 지역을 발전시키는 한편 수원 화성이라는 창의적인 신도시를 건설했다. 그래서 국가 재정이나 민생의 차원에서 놀라운 긍정적 효과를 거두었다.

심리학자 김태형은 "정조가 개인적인 복수에 연연하지 않고 자신의 무의식적 소망을 사회적으로 승화시킨 것은 사회뿐만 아니라 자기 자신에게도 큰 도움이 되었을 것이다."[•]라고 말한다.

정조가 개인적인 복수에 연연하지 않고 자신의 무의식적 소망을 사회적으로 승화했다는 평가는 바로 이러한 맥락에서 나온 것이다.[•]

• 김태형, 『심리학자, 정조의 마음을 분석하다』(역사의아침, 2009), 65∼66쪽.
• 박현모, 「사중지공(私中之公)으로 본 정조의 국가경영」, 『한국과 일본의 공공의식 비교 연구: 공공의식 국제학술회의』(한국학중앙연구원, 2012), 145∼156쪽 참조.

61명의 합격자

○

(윤 2월 11일)

대성전을 참배하다

8일간의 축제는 가는 길 이틀, 오는 길 이틀, 총 4일이 소요되니 수원에서의 행사는 나흘 동안 예정되었다. 처음 계획은 제일 먼저 현륭원을 참배하고, 혜경궁 진찬과 양로연, 대성전 참배, 과거 시험, 서장대(西將臺) 군사훈련의 순으로 진행하는 것이었다. 그러나 수원에 도착한 후 정조는 현륭원 방문을 하루 늦추게 했다. 혜경궁 홍씨가 이틀간 장거리를 이동하느라 피곤해했기 때문이다.• 변경된 일정에 따라 수원에서의 첫 행사는 향교에서 대성전을 참배하는 것으로 시작되었다.

묘시 초3각•이 되자 융복•을 입은 정조는 화성행궁을 나와 좌마에 올라탔다. 비는 개고 날씨는 흐렸다. 팔달문(八達門)을 거쳐 팔달산 남쪽 기슭에 있는 화성 향교로 향했다. 문밖에서 여(輿)•를 타고 명륜당(明倫堂) 대차(大次)에 들어가서 면복•으로 갈아입었다.

백관도 성묘(聖廟)의 문밖에서 반열을 이루어 정렬하고 예방 승지, 병방 승지•와 좌·우사(左右史)는 조복(朝服)•으로 갈아입었다. 정조는 규(圭)를 들고 동쪽 계단을 따라 올라가 동쪽에 설치한 판위(板位)로 가서 서쪽을 향해 선 다음 네 번 절하였다. 배종한 백관과 유생들도 규정에 따라 예를 올렸다. 대성전 안에 들어가 봉심(奉審)한 후 예를 마쳤다.

• 김문식,「을묘년 정조의 수원행차와 그 의의」, 『정조, 8일간의 수원행차』(수원화성박물관, 2015), 1쪽.
• 새벽 5시 45분 무렵에 해당한다.
• 일종의 군복으로 행차에 나서거나 외국에 사신으로 파견될 때 입는 옷.
• 지붕이 없는 가마. 지붕이 있는 가마는 연이라고 한다.
• 국왕이 제례 때 착용하는 관복.
• 조선 시대 승정원에는 6명의 승지가 있었는데, 그중 우승지는 예방을 맡았고, 좌부승지는 병방을 맡았다.
• 문무백관이 명절이나 경사 때 착용하는 관복.

정조는 향교의 건물과 기물들이 낡은 것을 수리하라고 지시했다.

중앙은 태학(성균관)이고 지방은 향교이나, 성묘(聖廟)이기는 한가지이다. 그러나 건물이 이처럼 볼품없이 허술하고 단청이 더럽혀지고 바랬으며, 의자와 상탁, 포진(깔개), 노합(향로) 등이 모두 제 모양을 이루지 못하였으니 지금 당장 수리하지 않을 수 없다.[•]

모든 의례를 마치고 계단을 내려온 징조는 반열에 참례한 유생들에게 오늘 있을 별시에 응시하는지를 물었다. 뜰에 들어온 사람 36명 중 2명이 용인 사람이고 나머지는 모두 화성부에 사는 사람이지만 축실년(築室年)[•]이 부족해 응시를 못 한다고 하자, 참석자 모두에게 특별히 응시 기회를 주라고 하교했다. 본래 이날 열릴 별시는 화성과 그 인근인 광주, 과천, 시흥에 사는 사람들에게만 응시 자격이 주어져 있었다. 명륜당에서 다시 융복으로 갈아입은 정조는 향교에 노비와 전결을 추가로 지급하라고 명령하고 화성행궁으로 돌아갔다.

이 장면은 「화성성묘전배도(華城聖廟展拜圖)」에도 잘 나타난다. 이 그림은 1795년 화성 행차의 주요 장면을 그린 8폭 병풍도인 『화성능행도병풍』의 첫 번째 폭이다. 정조가 참배한 자리는 공자의 위패가 모셔져 있는 대성전의 오른쪽에 설치되어 있다. 왕의 모습은 보이지 않는데, 반차도에서도 그랬듯이 어진을 제외하고는 왕을 그리지 않는 법도에 따른 것이다. 뜰에는 유생들이 반열에 참가하고 있고, 문밖에는 수행원들이 동서 양편으로 나뉘어 앉아 있으며, 향교 주변은 장용영 군사들이 삼엄한 경계를 펼치고 있다.

조선 후기는 유교를 국시(國是)로 삼고 국왕을 포함해 모든 신하와 유생들이 이를 따르던 시기였다. 정조가 첫 일정을 대성전 참배로 삼은 것은 충과 효를 기반으로 한 유교의 가르침을 각인시킴으로써 아버지의 묘를 방문하고 어머니의 회갑 잔치를 여는 것이 지극히 자연스러운 행위임을 알리는 동시에 8일간의 축제에 정당성을 부여하는 중요한 결정이었다.

• 『원행을묘정리의궤』, 권1, 「연설」, 을묘(1795년) 윤2월 11일.
• 집 지은 해를 가리킨다.

『화성능행도병풍』 중
「화성성묘전배도」

문무 별시를 개최하다

61명의 합격자

화성행궁의 오른편에 있는 낙남헌은 1년 전에 새로 지었는데, 지역민과 함께하는 공간으로 활용하기 위해 터를 넓게 닦고 정면에 담장이 없애 많은 인원을 수용할 수 있도록 설계되었다.

진시(辰時),[•] 대성전 참배를 마친 정조가 낙남헌에 나타나자 취타대의 음악이 울려 퍼졌다. 마당에는 이미 많은 사람이 대기하고 있었는데, 특별 과거 시험인 별시(別試)가 열리기 때문이다. 8일간의 축제를 기념해 화성부와 인근 지역민의 사기를 높이기 위한 것이었다.

시험 감독관들이 차례로 네 번 절을 올린 후 정조는 직접 문과 시험문제를 내렸다. "근상천천세수부(謹上千千歲壽賦)", 혜경궁 홍씨가 장수하기를 기원하는 아름다운 글을 지어 올리라는 뜻이다. 시험 감독관은 시제를 들고 문과 응시생들이 있는 우화관(于華觀)으로 이동했다.

이어 무과 시험을 치르기 위해 응시생을 1명씩 불러 활을 쏘게 했다. 이들은 행차 전에 이미 1차 시험인 초시에 합격한 사람들로, 이날 두 번째 시험을 치르는 것이었다.

이렇게 문·무과 별시를 치른 후 최종 합격자가 결정되었다. 혜경궁의 나이를 염두에 둔 선택인지 합격자는 모두 61명이었다. 문과는 최지성(崔之聖) 등 5인을 뽑고 무과는 김관(金寬) 등 56인을 뽑았다. 국왕의 대성전 참배에 참여했던 지역 유생 중 특별히 응시 자격을 받았던 사람들이 합격했는지는 알려지지 않았다. 다만 화성에서 2명, 광주, 시흥, 과천에서 각각 1명이 합격했다는 기록만 있을 뿐이다.

무과는 훨씬 많은 56명의 합격자가 나왔다. 여기에는 장용영을 비롯해 친군위와 별무사 등에 속한 현역 군인이 대거 참여해 합격의 기쁨을 누렸다. 미시(未時) 정3각[•]이 되자 낙남헌에서 합격자 발표를 하는 방방의(放榜

[•] 오전 7시에서 9시 사이에 해당한다.

[•] 미시는 오후 1시와 3시 사이에 해당하고, 미시 정3각은 오후 2시 45분 무렵이다.

화성행궁의 낙남헌

儀)가 열렸다. 정조는 친히 합격자들에게 홍패(紅牌)*, 사화(賜花)*, 사주(賜酒)*, 복두(幞頭)* 등을 하사했다. 최우수상인 갑과(甲科) 합격자에게는 특별히 우산처럼 생긴 개(蓋)를 주었다.

『화성능행도병풍』의 두 번째 폭인 「낙남헌방방도(洛南軒放榜圖)」에는 이 모습이 그려져 있다. 낙남헌 안에는 정조의 어좌와 배석한 입시 관원들이 있고, 계단 아래에는 어사화와 홍패 등이 놓인 탁자가 보이며, 뜰에는 어사화를 꽂은 문·무과 합격자들이 동서 양쪽으로 줄지어 서 있다.

당시 합격자는 문과와 무과를 합하여 61명이었는데, 「낙남헌방방도」에는 어사화를 쓴 사람들이 166명 그려져 있다. 이날 행사에서는 영의정 홍낙성이 과거에 급제한 지 예순 돌을 맞이하여, 새로 급제한 자들과 함께 이름이 불렸고 어사화를 하사받았다. 문과 이홍직(李弘稷), 무과 지일휘(池日輝), 사마 권연(權綎) 역시 과거 급제 예순 돌이 되어 같이 참여했다. 정조는

• 붉은 종이에 성적과 등급, 성명 등이 적힌 합격증서.
• 임금이 과거에 급제한 사람들에게 수여하던 종이꽃.
• 임금이 공을 세운 신하 등에게 내리던 술.
• 과거 급제자들이 홍패를 받을 때 쓰던 관(冠).

『화성능행도병풍』 중
「낙남헌방방도」

이들을 세상에서 보기 드문 자들이라며 시를 지어서 기쁨을 노래했다.

> 아침의 빛나는 햇살이 궁궐 동산을 비추고
> 머리에 꽂은 꽃은 봄빛을 받아 연회석을 비추도다
> 한 번 회갑 거듭 맞이한 사마방목(司馬榜目)에
> 뭇 영재들은 다투어 탁룡문(濯龍門)으로 모이도다
> 복성(福星)이 두루 비춰 조정에 오래 머무르고
> 원로와 처음 급제한 자가 자리를 같이하여 술을 베풀도다
> 다시 팔순 원로들이 사관(四館)에 있어서
> 앞으로 있을 문무 시험에 새로운 장원을 칭송하리라•

그런데 이날 무과 합격자들 중에는 양인(良人)•이 포함되어 있어 눈길을 끈다. 당시 무과는 갑과 1명, 을과(乙科) 5명, 병과(丙科) 50명을 뽑았는데 화성에 사는 29세 김성갑은 양인 신분이었음에도 을과 5명 안에 당당히 이름을 올렸다.

정조는 인재를 등용할 때 기존의 신분 질서에 얽매이지 않고 능력을 우선시해 과감한 선택을 해 왔다. 즉위 이듬해인 1777년(정조 1) 3월 21일 문관과 무관의 인사권을 가지고 있는 이조(吏曹)와 병조(兵曹)에 서얼들의 벼슬길을 허하는 법을 만들라는 하교를 내린 바 있다. 신하들이 곧 서얼들의 벼슬길 진출을 허용하는 규정을 정리한 「서류소통절목(庶類疏通節目)」을 올리니, 이로써 서얼들도 관직에 진출할 수 있는 법률적 근거가 마련되었다. 이후 1779년(정조 3)에 규장각을 통해 많은 서얼을 등용하기도 했다.

• 『원행을묘정리의궤』, 권1, 「어제(御製)」, 을묘 (1795년) 윤2월 11일.
• 조선 시대에 양반과 천민 사이의 신분이었던 평민을 가리킨다.

문무 별시
합격자 명단

문과 합격자 명단

분류	이름	나이	본관	거주지	아버지
갑과 1인	생원 최지성(崔之聖)	40	강화	화성	유학(幼學) 의경(義敬)
을과 1인	유학 임준상(任俊常)	29	풍천	광주	학생 희구(希九)
병과 3인	유학 정순민(鄭淳民)	41	해주	과전	통덕랑(通德郎) 현조(顯祚)
	생원 이유하(李游夏)	29	전주	시흥	유학 익성(益誠)
	진사 유성의(柳聖儀)	33	진주	화성	통덕랑 간(侃)

무과 합격자 명단

분류	이름	나이	본관	거주지	아버지
갑과 1인	친군위(親軍衛) 김관(金寬)	37	경주	수원	학생 만수(萬守)
을과 5인	부사과(副司果) 김창운(金昌雲)	34	김해	광주	부사과 정구(鼎九)
	한량(閑良) 권득성(權得星)	36	안동	광주	학생 흥달(興達)
	부사과 박후신(朴厚新)	32	밀양	광주	부사과 지준(枝俊)
	한량 김성갑(金星甲)	29	김해	수원	양인 옥산(玉山)
	한량 김종진(金宗鎭)	29	강릉	수원	유학 일문(日文)
병과 50인	별무사 송덕관(宋德寬)	51	여산	수원	부사과 창주(昌柱)
	친군위 한치유(韓致裕)	31	청주	수원	유학 광필(光弼)
	부사과 윤혁주(尹赫周)	36	남해	수원	동지중추부사 중석(重碩)
	부사과 이국연(李國連)	45	경주	광주	학생 세후(世厚)
	부사과 서종복(徐宗福)	35	이천	광주	학생 흥창(興昌)

분류	이름	나이	본관	거주지	아버지
병과 50인	액외 장용위 유엄(柳儼)	29	전주	한양	무과 급제한 택철(宅喆)
	통덕랑 신광혁(申光赫)	19	평산	수원	전부사 섬(暹)
	녹사(錄事) 최운득(崔雲得)	24	경주	수원	한량 천복(千福)
	친군위 한송(韓淞)	24	청주	수원	유학 석우(錫祐)
	친군위 문세린(文世麟)	32	남평	수원	통덕랑 광수(光壽)
	친군위 차석삼(車錫三)	35	연안	수원	유학 윤철(允轍)
	친군위 김천한(金千漢)	47	김해	수원	동지중추부사 상의(相宜)
	족친위(族親衛) 이억빈(李億彬)	42	전주	수원	족친위 광재(光材)
	별무사 최성욱(崔聖郁)	28	해주	수원	업무 익중(益仲)
	한량 이기형(李基馨)	33	광주	수원	학생 덕재(德再)
	한량 박용대(朴龍大)	46	밀양	광주	학생 중신(重信)
	한량 한세항(韓世恒)	29	청주	광주	역리(驛吏) 필원(必遠)
	한량 이항오(李恒五)	32	전주	수원	족친위 경복(景福)
	한량 박리인(朴履仁)	20	죽산	수원	유학 치안(致晏)
	한량 김세광(金世光)	35	청풍	수원	절충장군(折衝將軍) 선삼(先森)
	한량 표창언(表昌彦)	43	신창	수원	학생 원기(元基)
	한량 서정옥(徐廷玉)	32	달성	수원	학생 덕노(德老)
	한량 김처홍(金處洪)	54	김해	광주	부사과 익려(益礪)
	한량 김응철(金應喆)	30	울진	남양	한량 봉운(鳳雲)
	장용군 최천동(崔千東)	36	수성	수원	학생 필휘(弼輝)
	장용군 홍한위(洪漢渭)	27	남양	수원	급제한 상흥(尙興)
	장용군 서대광(徐大光)	38	이천	수원	통덕랑 귀철(貴哲)
	장용군 강흥운(姜興雲)	30	진주	수원	학생 몽(夢)
	한량 조계조(趙啓祚)	37	평양	수원	유학 영(泳)

분류	이름	나이	본관	거주지	아버지
병과 50인	한량 윤영기(尹永基)	22	파평	시흥	전 현감 광우(光宇)
	장용영 향무사 이필대(李弼大)	38	경주	수원	학생 태제(泰齊)
	친군위 권득경(權得經)	32	안동	수원	가의대부 치명(致明)
	친군위 윤행묵(尹行默)	31	파평	수원	통덕랑 온
	친군위 김성악(金星岳)	31	경주	수원	전 오위장 낙함(樂咸)
	장용군 임복선(林福善)	23	평택	수원	부사과 만태(萬泰)
	장용영 향무사 장점복(張漸福)	28	부안	수원	학생 명택(明澤)
	친군위 윤성운(尹聖運)	32	파평	수원	학생 창국(昌國)
	한량 윤형동(尹炯東)	39	해평	수원	학생 득명
	장용영 향무사 최만빈(崔萬彬)	46	수성	수원	한량 중기(重起)
	친군위 김치원(金致元)	28	진주	수원	한량 취명(就銘)
	장용군 김종록(金宗祿)	26	진주	수원	한량 효원(孝元)
	친군위 정덕래(鄭德來)	32	영일	수원	통덕랑 봉제(鳳齊)
	친군위 김이종(金霹鍾)	29	상산	수원	유학 재익(載翼)
	장용군 이성관(李成寬)	45	경주	수원	학생 덕창(德昌)
	선무군관(選武軍官) 곽천운(郭千雲)	63	현풍	과천	학생 필관(必寬)
	장용군 장득관(張得寬)	34	인동	수원	학생 상복(尙福)
	친군위 김약채(金若釆)	27	연안	수원	유학 양직(養直)
	겸사복(兼司僕) 김중일(金重鎰)	54	무안	서울	겸사복 세휘(世輝)
	친군위 이흡(李翕)	37	전주	수원	부사 주화(柱華)
	장용군 박중태(朴重太)	40	밀양	수원	학생 성추(成樞)

회갑 잔치 예행연습

낙남헌에서 방방의를 마친 정조는 신시(申時)*가 되자 봉수당으로 이동했다. 그곳에서는 이틀 후 열릴 회갑 잔치의 예행연습을 하고 있었다.

모레 회갑연은 처음 있는 성대한 행사인 관계로 거행의 의식 절차에 여령의 가장 어려움은 중식(中式)인데, 경기(京妓)*는 상호도감(上號都監)*에서 많이 익혀서 경험이 있을지 모르나, 화성부의 여령은 생소함을 면치 못할 것이 틀림없다. 오늘 과거 합격자 발표를 일찍 마쳤으므로 경들과 함께 이 뜰에서 차례대로 예행연습을 시키라.

백성들에게 폐를 끼치지 않기 위해 팔도의 숙련된 기생들을 불러오는 대신에 침선비(針線婢)*와 의녀(醫女), 궁중 행사에 익숙하지 않은 화성부의 기생들을 여령으로 동원했기 때문에 행여 서툰 모습을 보일까 봐 적잖이 걱정했던 것으로 보인다.

여령들은 회갑 잔치에서 헌선도(獻仙桃), 몽금척(夢金尺), 하황은(荷皇恩), 포구락(抛毬樂), 무고(舞鼓), 아박무(牙拍舞), 향발무(響鈸舞), 학무(鶴舞), 연화대(蓮花臺), 수연장(壽延長), 처용무(處容舞), 첨수무(尖袖舞), 선유락(船遊樂), 검무(劍舞) 등 총 열네 가지의 춤을 추기 위해 연습했다.

* 신시는 오후 3시와 5시 사이에 해당한다.
* 서울 기생을 가리킨다.
* 존호를 올리는 일을 주관하는 관청.
* 궁에서 바느질을 담당하는 노비인데, 궁중 연회가 열리면 춤추고 노래하는 기녀 역할도 했다.

화성행궁의 모습과
주요 건물 명칭

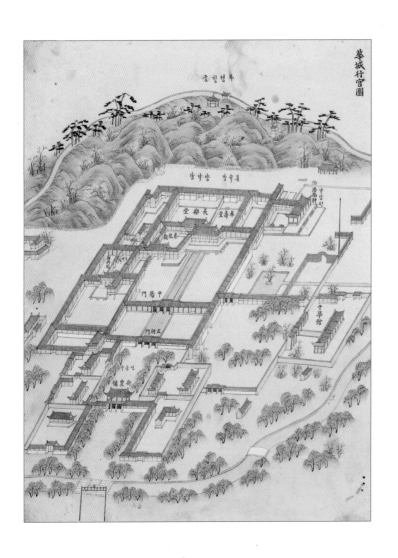

『화성원행의궤도』 중
「화성행궁도(華城行宮圖)」

오늘날 복원된
화성행궁의 전경

화성행궁
관람 안내도

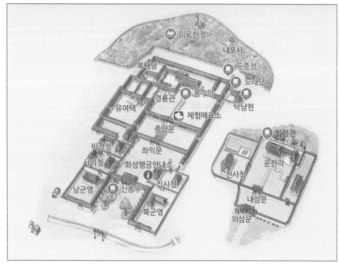

축께의 두 얼굴

아버지의 무덤 앞에 선 아들

33년 만의 재회

윤2월 12일, 화성 입성 후 둘째 날, 날씨는 구름 없이 맑았다. 정조는 새벽 4시 45분 무렵 좌마에 올랐다. 어머니 혜경궁 홍씨와 누이동생인 두 군주도 채비하고 대기 중이었다. 목적지는 현륭원, 사도세자의 묘였다. 1762년에 사도세자가 죽은 뒤 한 번도 남편의 묘소를 방문한 적이 없었던 혜경궁은 오늘 33년 만에 처음으로 현륭원을 방문한다. 안부를 묻는 정조에게 답하는 혜경궁의 목소리는 조금 떨리고 있었다.

1789년에 영우원에서 이곳 현륭원으로 무덤을 옮긴 후 정조는 당시 조선의 문화 역량을 총동원해 현륭원을 조성했다. 세자를 모신 원임에도 불구하고 왕릉에 버금가는 규모와 격식을 갖췄다. 당시 최고의 조각가였던 정우태를 초빙해 심혈을 기울였는데, 인조의 무덤인 장릉(長陵) 이후 처음으로 병풍석(屛風石)*을 설치했을 뿐만 아니라 모란과 연꽃무늬를 아름답게 새겨 넣었다. 무인석(武人石)과 문인석(文人石)은 매우 사실적이며 조각 솜씨가 뛰어나 조선 왕릉 중 최고의 걸작으로 꼽힌다. 정조는 현륭원 재실에 자신의 어진을 두었는데, 매일 아버지를 배알하겠다는 강력한 의지였다. 원침

• 봉분을 보호하기 위해 봉분 위쪽 둘레에 병풍처럼 둘러 세우는 긴 네모 모양의 넓적한 돌. 겉에 십이지신과 꽃무늬 등을 새긴다.

융릉(현릉원)의 사도세자 무덤. 문인석과 무인석, 병풍석이 보인다.

에 어진을 봉안한 일은 조선 역사에서 유일한 것이다.

　정조는 참포(黲袍)°로 갈아입은 후 작은 가마를 탔고, 혜경궁은 유옥교를 타고 원(園)으로 나아갔다. 무덤은 혜경궁과 두 군주를 위해 휘장을 둘러 가림막으로 삼았다. 두 군주와 함께 휘장 안으로 들어선 혜경궁은 바로 비통한 울음을 터뜨렸다. 시간이 흘러도 지울 수 없는 비극을 겪어 28세에 헤어진 뒤 61세가 되어서야 부부는 한자리에 모일 수 있었다. 33년 만의 재회는 원통하고 비통하기만 했다.

　정조가 미리 준비한 차를 올렸으나 혜경궁은 이를 거부했다. 휘장 밖에서 정리사 등이 건강을 염려해 행궁으로 돌아갈 것을 청했으나 정조는 이렇게 답했다.

　출궁할 때는 어머니께서 십분 너그러이 억제하겠다는 하교의 말씀이 있었다. 여기 도착하니 비창(悲愴)한 감회가 저절로 마음속에서 솟아나 나 자신이 이미 억제할 수가 없었으니 더구나 어머니의 마음이야 어떠하시겠는가?

° 왕이 제사를 지낼 때 입던 연한 청색의 옷.

비통한 죽음과 33년의 세월. 혜경궁은 한동안 깊은 슬픔을 가누지 못했다. 이곳에 올 때마다 큰 소리로 울었던 정조는 이날만큼은 눈물을 보이지 않았다.

잠시 후 행렬은 귀환길에 올랐다. 정조는 혜경궁의 어가를 모시고 홍살문 밖에 이르자 가마를 멈추게 하고는 현릉원을 한동안 바라보았다.

행궁으로 돌아온 정조는 현릉원을 관리하는 관원들에게 벼슬을 올려 주고 포목(布木)과 쌀을 상으로 주었다. 또한 현릉원의 원찰인 용주사(龍珠寺) 승려들에게 상을 내렸다.

천하 명당

1762년 사도세자가 뒤주에 갇혀 비극적인 죽음을 맞이한 이후 영조는 사도세자를 배봉산 기슭에 묻고 무덤의 이름을 수은묘(垂恩廟)라고 했다. 묘는 왕과 왕비의 무덤인 '릉(陵)'과 왕세자와 세자빈 등의 무덤인 '원(園)'보다 아래 단계인 무덤을 이르는 말로, 세자의 신분을 박탈당한 채 서인 신분으로 죽음을 맞이한 사도세자의 비참한 현실을 보여 주었다.

1776년, 정조는 영조로부터 특별히 허락받고 아버지의 무덤을 찾았는데, 그 초라한 모습을 보고 매우 애통해했다. 당시 수은묘는 행색도 초라했지만, 풍수지리를 조금이라도 아는 사람이면 누구나 고개를 저을 정도로 문제가 많은 곳이었다. 훗날 이장하기 위해 무덤을 파낼 당시에 시신 자리에 물이 30센티미터나 고여 있었다고 한다.

1789년, 화평옹주(和平翁主)의 남편 금성위(錦城尉) 박명원(朴明源)이 이장 문제를 거론하고 나섰다. 명분은 묏자리가 흉당(凶堂)이라는 것이었다. 정조는 신하들을 불러 모아 상소를 낭독시킨 후 의견을 물었다. 매형이 처남 묏자리가 흉당이라 다른 곳으로 이장하자고 건의한 것이니 신하들은 쉽게 반대할 수가 없었다. 의견이 이장 쪽으로 모이자 정조는 눈물을 삼키며 한동안 말을 잇지 못했다. 그리고 바로 여러 명당자리를 일일이 언급한 후

한 곳을 추천한다. 사도세자의 묘 이전이 오래전부터 준비되어 온 것임을 짐작게 하는 부분이다.

정조가 추천한 곳은 다름 아닌 수원이었다. 이곳은 누운 용이 여의주를 희롱하는 형국을 한 '천하의 길지'로, 선조와 효종의 능 자리로 물망에 올랐던 곳이었다. 특히 효종은 사도세자가 가장 흠모했던 왕으로, 살아생전 사도세자가 이곳을 직접 방문해 둘러본 후 "천년에 한 번 만날 수 있는 명당"이라 말했던 곳이다. 1789년 10월에 사도세자의 무덤이 수원으로 옮겨지고 이름을 현륭원이라 했다. 사도세사가 뒤주에 갇혀 세상을 떠난 지 27년, 박명원이 상소를 올린 지 3개월 만의 일이었다.

죄인의 아들

절망과 공포의 세손 시절

사도세자의 죽음은 정조의 인생을 송두리째 뒤흔들어 버린 사건이었다. 평생 지우지 못할 트라우마가 되어 두고두고 정조를 괴롭히게 된다. 동시에 치명적인 아킬레스건이기도 했다. 사도세자 사후 궁궐에 여덟 자 흉언[八字凶言]이 나돌았는데, "죄인지자 불위군왕(罪人之子 不爲君王)", 즉 죄인의 아들은 왕이 될 수 없다는 것이었다.

나는 일찍 아버지를 여의고 죽어야 했으나 죽지 않은 사람이다. (……) 흉악한 무리가 심복을 널리 심어 놓고 밤낮으로 나의 모든 것을 살펴 위협할 거리로 삼았다. (……) 이때 나는 늘 불안하고 두려워 옷을 벗고 잠을 자지 못했다. 얼마나 많은 날을 뜬눈으로 밤을 지새웠는지 모른다. 바늘방석에 앉은 것처럼 두렵고 달걀을 포개 놓은 것처럼 위태롭다는 말로도 내가 처한 위급한 상황을 비유할 수 없다.●

● 『명의록(明義錄)』, 권수, 「존현각일기(尊賢閣日記)」.

정조는 사도세자의 죽음에 여러 정치 세력이 관여했다고 믿었다. 그들에게 사도세자의 아들인 정조는 위험한 미래였는지도 모른다. 그래서인지 정조는 세손 시절 많은 감시와 위협 속에 살아야 했다고 토로하는 글을 많이 남겼다.

감시가 얼마나 극심했는지, 별 뜻 없이 지은 간단한 시 한 수도 책상 위에 두지 못할 정도였다. 책상 위에 글로 적은 그 무엇을 두든 나인이나 내관 등을 통해 노론의 귀에 들어가 모함거리가 되니, 정조는 단지 글을 짓는 일도 마음대로 할 수 없을 지경이라고 토로하기도 했다.

깊은 밤 어둠 속에 잠긴 궁궐에서 자신을 지키는 사람과 해치는 사람을 구분하기는 어려웠다. 궁녀와 환관들은 조심해야 할 경계 대상이었다. 그들을 통해 세손의 일거수일투족이 반대파에 보고되는 일이 많았기 때문이다. 어린 세손은 두려움과 불안함에 잠을 자지 않는 일이 많았는데, 자기를 밤새 스스로 지키고 있었던 것이다.

그러나 영조는 신하들과 생각이 달랐다. 두 아들이 모두 죽었고, 세손은 왕위를 이어야 했으므로 어린 세손을 맏아들 효장세자(진종(眞宗, 1719년~1728년))의 아들로 입적시켜 '죄인의 아들'이라는 허물을 막아 주었다.

나는 사도세자의 아들이다

스물네 살이 되던 해, 정조는 천신만고 끝에 조선 제22대 국왕으로 즉위한다. 1776년 3월 10일, 죄인의 아들로 14년을 살아 온 정조가 즉위식에서 던진 말은 조정을 술렁거리게 했다. "나는 사도세자의 아들이다. 선대 왕께서 왕실의 혈통을 위해 나를 효장세자의 아들로 만든 것이다."● 사도세자의 죽음에 개입하고 정조의 즉위를 방해한 세력들에게는 청천벽력 같은 말이었다. 생각하기에 따라서는 피바람을 예고하는 말일 수도 있었다. 그러나 정조는 이제 막 즉위했을 뿐 그들을 상대할 힘을 갖추지 못했다. 권력의 핵심을 장악한 노론 벽파는 병권마저 장악하고 있어 결코 쉬운 상대가 아니었다.

● 『정조실록』 즉위년 (1776년) 3월 10일.

우선 즉위를 방해하는 데 앞장섰던 무리 중 몇몇에게만 죄를 물었다. 화완옹주와 옹주의 양자 정후겸, 숙의 문씨와 그 오라비 문성국, 정순왕후의 오라비 김귀주, 정조의 외숙조부 홍인한 등이었다.

저항은 빠르고 과감했다. 즉위한 지 1년도 되지 않아 일곱 번이나 암살 시도가 이어졌다. 국가보다는 개인이나 당파의 이익이 더욱 중요했던 시기, 국왕과 신하들 사이에 보이지 않는 전쟁이 계속되고 있었다. 정조는 극도의 인내심을 가지고 복수의 칼을 품고 있어야만 했다. 훗날 노론 벽파에 속해있던 훈련대장 구선복을 처단한 후 정조가 남긴 말을 보면 당시 그의 심리 상태가 어땠는지 가늠해 볼 수 있다.

> 역적 구선복으로 말하면 홍인한보다 더 심하여 손으로 찢어 죽이고 입으로 그 살점을 씹어 먹는다는 것도 오히려 대수롭지 않은 말에 속한다. 매번 경연(經筵)에 오를 적마다 심장과 뼈가 모두 떨리니, 어찌 차마 하루라도 그 얼굴을 대하고 싶었겠는가마는, 그가 병권을 손수 쥐고 있고 그 무리가 많아서 갑자기 처치할 수 없었으므로 다년간 괴로움을 참고 있었다.•

구선복은 임오화변 때 뒤주의 감시 책임을 맡았던 포도대장이었다. 그는 뒤주에 갇힌 사도세자를 조롱하기도 했으며, 세손이었던 정조는 그 모습을 지켜보고 있었다. 구선복은 이후에도 막강한 위세를 떨치며 훈련도감을 장악했고, 궁궐에 파견한 자들을 통해 조정의 대소사를 일일이 보고받고 있었다. 1786년(정조 10)에 역모죄로 처형당하기 전까지 노론 벽파와 긴밀히 협조하며 정조를 압박하는 최전선에 있던 인물이었다.

정조의 가슴속에는 복수의 마음이 크게 자리 잡고 있었지만, 겉으로 드러내는 일은 좀처럼 없었다. 그러나 행동은 조금씩 조금씩 실행으로 옮겨지고 있었다.

• 『정조실록』 16년 (1792) 윤4월 27일.

야간에 촬영한 오늘날의 수원화성 서장대

서장대 군사훈련

슬픔을 주체하지 못하는 어머니를 모시고 현륭원에서 돌아온 정조는 황금 갑옷으로 갈아입었다.

오후 4시 15분 무렵 좌마를 타고 화성행궁을 나와 그가 오른 곳은 화성에서 가장 높은 곳, 서장대였다. 이곳은 화성을 한눈에 내려다보며 군사를 호령할 수 있는 지휘소다.

서장대에서 바라본 화성은 아직 공사가 완벽하게 마무리된 상태가 아니었지만, 이미 난공불락 요새의 면모를 갖추고 있었다.

화성은 기존 축성법에 첨단 공격 시설을 더한, 18세기 동서양의 기술이 망라된 첨단 요새였다. 성벽에는 모두 48개소의 공격 시설과 방어 시설이 100미터 간격으로 설치됐다. 화포가 주력이 된 시대였으므로 높이는 낮추고, 주요 부분은 벽돌로 설계해 화포 공격에 대응했다. 성 곳곳에는 불랑기

「의궤, 8일간의 축제」에서 재현한 황금 갑옷

포와 쇠뇌가 배치되어 어떤 적이 접근하더라도 바로 대응할 수 있게 했다.

난공불락의 첨단 요새, 그곳에서 3700명의 장용영 군사가 국왕의 명령을 기다리고 있었다. 황금 갑옷을 입은 정조는 화성의 정점에서 훈련●의 시작을 명했다. 징이 울리고 일제히 성문이 굳게 닫힌다.

적이 100보 앞에 있다는 신호가 떨어지자 대포와 총이 일제히 불을 뿜는다. 50보 앞에 있다는 신호에 사수들이 일제히 활을 쏜다. 적이 성 바로 앞까지 왔다는 신호가 나면 성 위의 군사들이 돌을 내려친다. 단계마다 군사들을 지휘하는 북, 나발, 징 등이 요란한 소리를 내며 작전을 전달하고 군사들은 한 치의 오차도 없이 정확하게 임무를 수행한다. 정조와 장용영은 마치 한 몸인 듯 일사불란하게 움직이며 치열한 공방전을 수행해 내고 있었다. 칼과 창, 화살과 조총, 각종 화포 등을 자유자재로 사용하며 빠르고 조직적으로 움직였다. 그간 조선에서 볼 수 없었던 최정예부대가 펼치는 높은 수준의 군사훈련이 보는 이들의 간담을 서늘하게 만들고 있었다.

● 성에서 이루어지는 군사훈련인 '성조(城操)' 중 낮에 실시하는 군사훈련을 '주조(晝操)', 밤에 하는 군사훈련은 '야조(夜操)'라고 했다.

『화성능행도병풍』 중
「서장대야조도」

날이 저물자 야간 훈련, 즉 야조가 시작됐다. 신호에 따라 화성의 4대문인 장안문, 팔달문, 화서문, 창룡문이 일제히 닫히고 성곽을 둘러싼 장용영 군사들이 횃불을 치켜들었다. 동시에 성안의 민가에서도 문 위에 등을 하나씩 걸었다. 군민 합동 훈련인 것이다.

총을 쏴 소리를 내고, 태평소를 불고, 청룡기(靑龍旗)에 청룡등(靑龍燈)을 내어 세우니, 동문에서 응대하는 총을 쏘고 여러 사람이 일제히 큰소리를 질렀다. 다시 총을 쏘고, 태평소를 불고, 주작기(朱雀旗)와 주작등(朱雀燈)을 내어 두르니. 남문에서 응대하는 총을 쏘고 여러 사람이 일제히 함성을 질렀다. 같은 방식으로 백호기(白虎旗)와 백호등(白虎燈)에 서문 군사들이, 현무기(玄武旗)와 현무등(玄武燈)에 북문 군사들이 반응했다.

대(臺) 위에서 신기전(神機箭)을 발사하니, 사문(四門)과 사면(四面) 성터 위로 일시에 삼두화(三頭火)˙가 켜지고, 전후좌우로 신기전이 공중에 높이 솟아올라 하늘을 찌를 듯했으며, 밝게 빛나는 찬란한 불빛으로 성안이 붉게 물들었다.

최정예로 훈련된 장용영 부대에다 신기전과 불랑기포, 홍이포와 같은 무기가 배치된 화성의 막강한 화력, 이 성의 숨겨 둔 목적이 처음으로 모습을 드러내는 순간이었다. 훈련은 새벽 5시까지 계속되었다. 그동안 막강한 군사력을 등에 업고 임금을 위협해 온 신하들은 숨을 죽인 채 그 모습을 지켜보아야 했다.

아버지의 묘소를 옮긴 이유, 어머니의 회갑 잔치를 수원에서 치러야 했던 이유, 난공불락의 첨단 요새를 건설했던 이유, 이 모든 것은 이 순간을 위해 준비된 것들이었는지도 모른다.

이날의 행사는 『화성능행도병풍』의 「서장대야조도(西壯臺夜操圖)」에 잘 나타나 있다. 행궁을 지키며 긴장하고 선 병사들, 등화관제를 위해 민가를 밝히는 횃불, 대낮처럼 성벽을 밝힌 병사들의 모습 등 그림 속에는 일사불란한 장용영의 모습과 오늘을 위해 치밀한 준비를 해 온 정조의 노력이 촘촘히 나타나 있다.

˙꽂는 곳이 세 군데 있는 횃불.

33년간 정조가 품어 온 꿈이 담긴 화성. 그것은 위대한 요새였으며, 미래를 위한 요람이기도 했다.

아버지의 서러움을 품었던 아픈 축제는 응어리진 한을 풀 듯 칠흑 같은 밤을 환하게 밝히고 있었다.

국왕의 친위 부대, 장용영

남몰래 키워 온 힘

저녁 7시에 시작된 야간 군사훈련은 다음 날 새벽 5시에야 끝났다. 정조는 10시간 동안 서장대를 떠나지 않고 장용영 군사들을 지휘하고 격려했다. 군사훈련이 모두 끝난 후에는 수백의 군사에게 활, 화살, 포목 등을 상으로 내려 사기를 높여 주었다.

장용영은 정조의 핵심적인 정치 기반으로, 그 탄생부터 몰락까지 정조와 함께했다고 해도 과언이 아니다. 장용위(壯勇衛)라는 이름이었던 장용영은 처음에는 날쌘 무사 30여 명으로 시작했다. 그러나 정조의 전폭적인 지원 아래 점차 규모를 확대해 나갔다. 1788년에는 장용위에서 장용영으로 이름을 바꾸고 병력을 늘렸다. 1793년에는 한성의 장용내영과 별도로 화성에 장용외영을 창설해 각각 주둔시켰다. 훗날 무려 1만 8000여 명에 달하는 조선 최대의 군영이 되었다. 다른 군영의 두 배쯤 되는 규모였다.

정조가 장용영을 창설하게 된 배경은 훈련도감을 비롯한 5군영을 손아귀에 넣고 있던 신하들 때문이었다. 이들은 자신들의 측근을 각 군영에 심어 놓고 사병처럼 운영하고 있었다. 정조는 자신의 통제하에 움직일 새로운 부대가 필요했다. 신하들은 창설 초기부터 장용영을 경계하고 나섰다. 1788년 사헌부 소속 장령(掌令)● 오익환의 상소에 그들의 불편한 심기가 잘 드러나 있다.

● 조선 시대 사헌부 정4품 관직으로서, 정원은 2명이다.

정조가 축조한 저수지인 만석거는 오늘날에도 용수원으로 활용되고 있다.

국가의 지나친 경비가 본래 용병(冗兵)●에 있으므로 금위(禁衛)를 병조에 소속시키고 수어청과 총융청을 혁파하여 경군(京軍)●에 소속시켜야 한다는 것을 전후의 조신(朝臣) 중에 말한 자가 진실로 많았습니다. 그런데 지금 또 장용위를 설치하셨으니, 그 요포(料布)●를 계산한다면 어찌 적다고 하겠습니까? 안으로는 금군과 무예청이 있고 밖으로는 5영의 장졸이 있어, 빠진 곳 없이 빙 둘러 호위하여 방비가 매우 견고한데, 전하께서는 무엇 때문에 필요 없는 이 장용위를 만들어서 경비를 지나치게 허비하는 길을 넓히십니까?●

　신하들의 주장은 일면 타당성이 있었지만, 지나치게 비대해진 신권(臣權)은 나라와 백성들을 위한 개혁을 가로막는 걸림돌이 되고 있었다. 정조는 신하들의 방해를 지혜롭게 돌파하며 장용영의 규모를 지속해서 확대해 나갔다.
　정조는 장용영을 창설할 때 국왕의 개인 재산인 내탕금으로 비용을 충당

● 필요 없는 군사를 가리키는 말.
● 서울의 각 영문(營門)에 소속되어 임금을 호위하던 군사.
● 관아에서 급료로 주던 무명이나 베같은 옷감.
● 『정조실록』 12년(1788) 1월 23일.

했고, 장용영의 규모가 커지자 대규모 둔전(屯田)˙을 만들었다. 둔전은 군량미를 충당하기 위해 국경의 변두리 땅이나 군사 요지에 조성하는 토지인데, 화성의 인공 저수지인 만석거(萬石渠) 일대에 있는 대유둔(大有屯), 만년제(萬年堤) 일대에 있는 만년둔(萬年屯) 등이 정조가 장용영 비용을 충당하기 위해 조성한 대표적인 둔전들이다.

아버지의 혼이 담긴 『무예도보통지』

장용영은 정조가 절박한 심정으로 창설한 군영이었던 만큼 조선 최강의 부대로 만들고자 했다. 그 때문에 다른 군영에 비해 규율이 매우 엄격했다. 장용영의 군사들은 군영의 비밀을 누설하거나 상관을 업신여겨도 안 되고, 주먹질이나 술주정이 금지되었으며, 비싼 옷이나 신발을 신을 수도 없었다.

규율보다 더 엄격한 것은 훈련이었다. 매일 강도 높은 훈련이 이어졌으며, 3일마다 활쏘기, 조총 사격, 창검 무예 등의 시험을 실시했다. 한 달에 한 번씩 진법(陣法) 훈련도 받아야 했다. 신입 무사의 경우는 열 명 단위로 훈련받았는데, 이들의 무예 성취도를 평가해 우수한 성적을 거둔 교관에게는 상을 내리고, 성적이 나쁜 교관은 곤장을 때려 훈련에 만전을 기하게 했다.

장용영 군사들의 무예 교본은 『무예도보통지(武藝圖譜通志)』였다. 『무예도보통지』는 정조의 명에 따라 규장각 검서관이었던 이덕무(李德懋)와 박제가(朴齊家), 장용영 장교 백동수(白東修)가 편찬한 무예서로, 열 여덟 가지 무예와 말을 타고 하는 무예 여섯 가지를 포함해서 총 24기가 실려 있다.

무예 18기는 크게 창과 도검, 손을 이용한 무예로 나눠지는데, 1759년 사도세자가 편찬한 무예서 『무예신보(武藝新譜)』를 참고했다. 무인 기질이 강했던 사도세자는 어렸을 때부터 온갖 병서를 탐독하고, 열여섯에 이미 청룡언월도를 자유자재로 사용할 정도로 무예 실력이 출중했다. 그즈음 사도세자는 대리청정을 하면서 직접 무예서를 편찬하기에 이른다. 그 무예서가 바로 『무예신보』인데, 이 책은 1598년에 선조의 명으로 한교(韓嶠)가 편찬

˙ 변경이나 요지에 주둔한 군대의 식량을 마련하기 위해 설치한 토지.

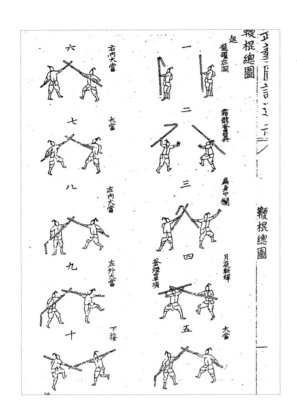

한 『무예제보(武藝諸譜)』에 실린 무예 여섯 가지와 그 후 새롭게 발굴되고
정립된 열두 가지 무예를 집대성해 만든 것이었다. 정조가 여기에 마상 무예
6기를 더한 것이 『무예도보통지』다.

　　기존 병서들은 이론 중심이었던 데 반해 『무예도보통지』는 실전용으로
만들어졌다. 무예 동작 하나하나를 글과 그림으로 상세히 기술하고 있다. 또
한 무예 동작의 전 과정을 유추할 수 있도록 여러 개의 동작을 연속적으로 수
록했다. 『무예도보통지』 편찬에 참여한 세 사람 중 규장각 검서관인 이덕무
는 이전 시대의 병서들을 검토하는 작업을, 박제가는 무예 원리를 정리하는
편집 작업을, 백동수는 문헌 기록을 시연하고 고증하는 작업을 담당했다.

　　김준혁 교수(한신대학교 평화교양대학)는 장용영에 관해 다음과 같이 설
명한다.

장용영은 지금으로 말하면 특전사와 해병대처럼 고도로 훈련된 조선 최강의 전투 부대였습니다. 또한 기득권 세력이 장악하고 있던 다른 군대와 달리 '정조의, 정조를 위한, 정조에 의한' 국왕 친위 부대였죠.

장용영은 내영보다 외영이 주력 부대였다. 전체 장용영 군사 1만 8000명 중 1만 3000명이 외영 소속이었다. 이는 장용외영이 주둔하던 화성이 여러모로 특별한 공간이었기 때문인데, 우선 사도세자가 잠들어 있는 곳이자 정조가 즉위 후 지금까지 쌓아 온 자신의 과업을 응집한 공간이었으며, 앞으로 새로운 개혁 정치를 펼칠 장소였기 때문이었다.

사도세자의 혼이 담긴 『무예도보통지』는 장용영을 통해 정조의 꿈으로 성장하고 있었다.

오래전부터 준비된
정조의 원대한 계획

　모든 것은 오래전부터 계획되고 있었다.

　정조는 즉위한 후 계획을 차근차근 실행으로 옮겼다. 먼저 당쟁에 물들지 않은 젊은 학자를 등용하고 장용영을 창설해 해마다 군사력을 늘려 나갔다. 그리고 즉위한 지 14년째가 되던 해(1789년), 가슴에 묻어 둔 일에 나선다. 초라하게 방치돼 있던 사도세자의 무덤을 수원으로 옮긴 것이다. 정조는 더는 아픔을 숨기지 않았다. 아버지의 묘를 옮긴 후 첨단 공법이 적용된 화성을 건축한다. 명분은 아버지의 무덤을 지키는 것이었다. 그러나 새로운 요새는 무덤 하나만을 지키기에는 그 규모가 매우 컸다. 대규모 공사인 만큼 건설 기간은 10년을 예상했다. 그러나 공사 기간은 획기적인 방식으로 단축되었다. 모든 노역자에게 임금을 지급해 능률이 높아졌고, 거중기 등 서양 과학을 응용한 장비를 만들어 사용한 결과였다. 결국 화성은 2년 반 만에 완공됐다.

수원화성박물관 야외에 전시된 거중기

오늘은 기쁜 날

봉수당 회갑 잔치

날씨가 화창하고 청명하여 정말 좋은 날이었다.

간밤의 서장대 야조가 새벽 5시에 끝났지만, 정조의 일정은 쉼 없이 돌아가고 있었다. 새벽밥을 먹은 정조는 이번 행차에서 가장 중요한 일정을 준비하고 있었다.

천세! 천세! 천천세!

정조가 두 손을 마주 잡고 이마에 올려 선창하자 내빈 및 외빈과 문무백관이 일제히 따라서 천세를 외쳤다. 오늘은 축제의 하이라이트인 혜경궁 홍씨의 진찬연(進饌宴), 즉 회갑 잔치가 열리는 날이다. 막 피어나기 시작한 봄꽃으로 가득한 봉수당에는 수많은 축하객이 들어찬 가운데 악대가 낙양춘곡(洛陽春曲)을 연주하고 있었다.

여집사(女執事)가 정조를 대신하여 혜경궁의 덕을 칭송하고 축수를 기원하는 치사문을 낭독했다

국왕 모(某)는 삼가 건륭(乾隆) 60년(1795) 윤2월 13일을 맞이했습니다.

효강자희정선휘목혜빈(孝康慈嬉貞宣徽穆惠嬪) 저하(邸下)께서는 우리 왕실의 아름다운 덕을 계승하시어 장수하는 복을 받으셨으니 자손에게 복이 흘러넘치고 경사로움이 어머님에게 미쳤습니다. 삼가 축하하는 자리에 모시고서 경건히 술잔을 따라 올리오니 어머님의 연세를 아는 이 기쁜 날 칭송하는 소리가 높이 높이 울려 퍼집니다. 아, 즐거운 잔칫날 만물이 모두 은혜를 입고, 화창한 봄날 맞이하여 하늘의 도움에 보답합니다. 어머님은 더욱더 오래 사시어 크나큰 복을 받을 것이며 태평 시대는 끝없이 이어져 갈 것입니다. 경하하는 마음 누를 길 없어 삼가 천천세를 기원하는 술잔을 올립니다.

이에 혜경궁이 "전하와 경사를 함께하겠습니다."라고 답했다.

혜경궁이 술잔을 드니 그에 맞추어 악대가 여민락(與民樂)의 천세만세곡(千歲萬歲曲)을 연주하기 시작했다. 궁녀들이 내빈과 외빈의 음식상을 내오고 백관에게 술과 음식을 차리고 꽃을 뿌렸다. 이날 봉수당은 온통 꽃 천지였다.

혜경궁에게는 모두 7잔의 술이 올려졌다. 첫 2잔은 정조가 올렸고, 세 번째 잔부터는 명부(命婦)*와 의빈(儀賓)*, 척신 대표들이 차례로 술잔을 올렸다.

첫 번째 술잔을 올릴 때 '헌선도'라는 정재(呈才)*가 공연되고 여민락의 환환곡(桓桓曲)이 연주되었다.

두 번째 잔을 올릴 때 '금척'과 '수명명하황은(受明命荷皇恩)'이 공연되고 여민락의 청평악(淸平樂)이 연주되었다.

세 번째 술잔을 올릴 때 '포구락'과 '무고'가 공연되고 여민락의 오운개서조곡(五雲開瑞朝曲)이 연주되었다.

네 번째 술잔을 올릴 때 '아박'과 '향발'이 공연되고, 악대가 천세만세곡을 향악(鄕樂)과 당악(唐樂)으로 번갈아 가며 연주하였다.

다섯 번째 술잔을 올릴 때 '학무'가 공연되고, 여민락의 유황곡(惟皇曲)

* 작위를 받은 부인들을 가리킨다.
* 공주 또는 옹주와 혼인해 왕실의 사위가 된 이들을 가리킨다.
* 대궐 안의 잔치 때 공연하던 춤과 노래.

146

의궤에 따라
복원한 여령 복식

이 연주되었다.

　여섯 번째 술잔을 올릴 때 '연화대'가 공연되고, 여민락의 환환곡이 연주되었다.

　일곱 번째 술잔을 올릴 때 '수연장'이 공연되고 여민락의 하운봉곡(夏雲峰曲)이 연주되었다.

　처용무를 출 때는 악대가 정읍악(井邑樂)과 여민락을 향악과 당악으로 번갈아 연주하였다.

　첨수무를 출 때는 낙양춘곡이 연주되었다.

　이틀 전 정조가 직접 참관해 예행연습을 지켜봤던 여령들은 이날 14가지의 춤을 선보였다. 『원행을묘정리의궤』에는 여령들이 공연하는 모습과 참여한 여령의 이름, 나이, 역할, 복장 등이 글과 그림으로 상세히 기록되어 있다.

　『원행을묘정리의궤』에는 또한 여령들이 입었던 속옷에서부터 허리끈에 이르기까지 빠짐없이 기록되어 있어 정교한 복원이 가능했다.

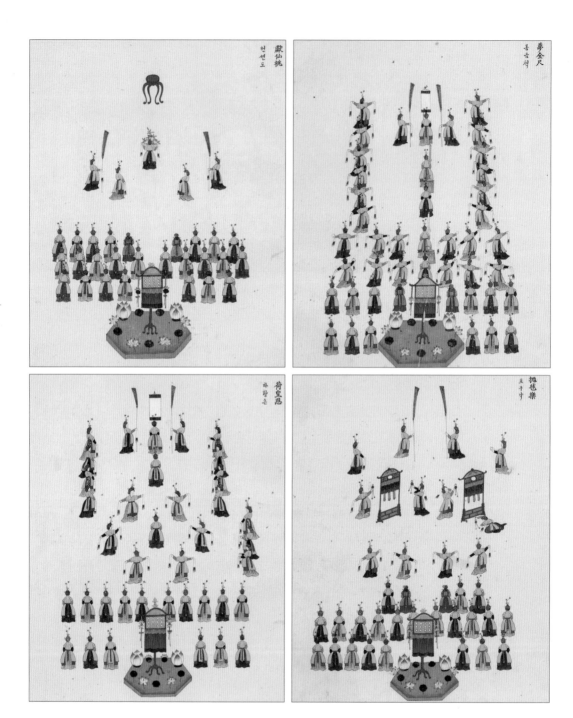

『화성원행의궤도』에 실린 헌선도, 몽금척, 하황은, 포구락(왼쪽 위, 오른쪽 위, 왼쪽 아래, 오른쪽 아래의 순으로)

『화성원행의궤도』에 실린 무고, 아박무, 향발무, 학무

『화성원행의궤도』에 실린
연화대, 수연장, 처용무

『화성원행의궤도』에 실린
첨수무, 선유락, 검무

임금님의 상차림

이날의 잔치는 조선 역사상 최고의 회갑 잔치였다. 그만큼 상차림도 화려했는데, 혜경궁 홍씨의 경우 각종 떡을 비롯해 약밥, 국수, 약과, 만두, 다식, 강정, 과일, 찜, 탕, 편육, 전, 회, 술 등 70가지에 이르는 음식이 차려진 상을 받았다. 여기에 42개에 이르는 상화(床花)*가 잔칫상을 수놓았다. 그러나 평소 검소했던 혜경궁은 70가지 음식이 차려진 상에는 손을 대지 않고 그 옆에 편하게 음식을 먹을 수 있도록 차려 놓은 작은 상의 음식을 먹었다. 그 상에는 12가지 음식이 차려져 있었다.

한편 정조와 두 군주에게는 20가지 음식과 26개의 상화가 바쳐졌고, 잔치에 초대된 손님들은 11가지 음식에 8개의 상화가 장식된 상을 받았다. 신하들은 그 직급에 따라 11가지의 음식과 8개의 상화, 8가지 음식과 4개의 상화, 6가지 음식과 4개의 상화가 차려진 상을 받았다. 이날 잔치에 참석한 사람들의 식탁에 오른 꽃(조화)만 1만 1919개에 달했다.

그때 모습을 그린 『화성능행도병풍』의 「봉수당진찬도(奉壽堂進饌圖)」를 보면 조선 최고의 진찬연이 얼마나 화려했는지 간접적으로나마 느껴 볼 수 있다. 수많은 내빈 및 외빈과 문무백관이 봉수당 뜰 안팎에 줄을 지어 배석한 가운데 한껏 멋을 부린 여령들이 화려한 궁중무용을 추는 모습을 포착한 이 그림은 전성기 조선 궁중 문화의 화려함을 잘 보여 준다.

불취무귀, 취하지 않고는 돌아갈 수 없다

일반적으로 왕실의 진찬연은 남녀를 엄격히 구분해서 열리지만, 이날은 이색적이게도 남녀 손님이 함께 잔치에 참석했다. 모두 혜경궁 홍씨가 초대한 손님으로 내빈 13명과 외빈 70명이었다.

참석한 외빈 중에 혜경궁의 6촌 친척인 이희평(李羲平)이라는 사람이 있었는데, 『화성일기(華城日記)』라는 글에서 이날의 풍경을 자세하게 기록

* 잔칫상이나 제사를 지내는 상에 꽂는 조화.

『화성원행의궤도』 중
「채화도(綵花圖)」

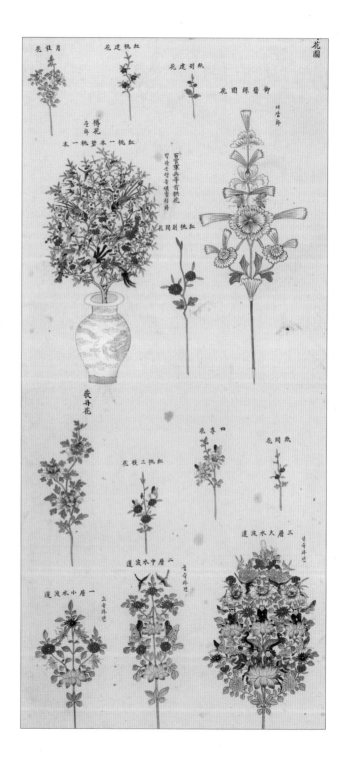

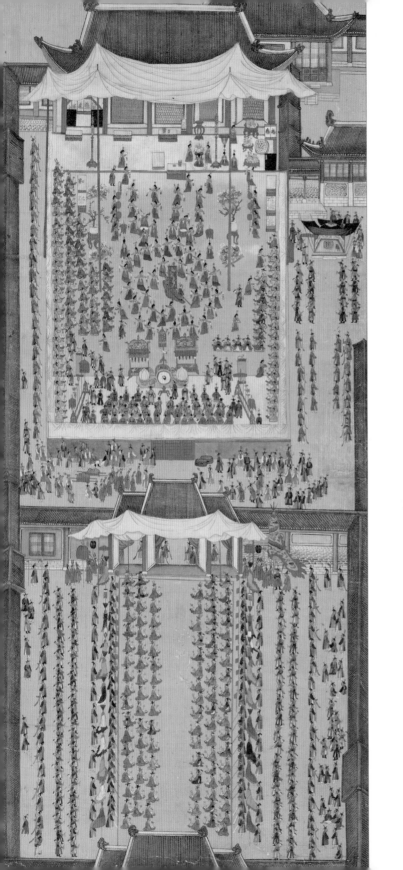

『화성능행도병풍』 중
「봉수당진찬도」

해 놓았다.

상이 들어오자 모든 상은 그릇마다 꽃을 꽂았고 음식은 팔진미(八珍味)가 모두 갖추어 있어 아주 맛있을 것이다. 상을 다 받자, 두 쌍 기생이 오색 한삼(汗衫)을 드리우고 예쁜 얼굴의 눈썹을 나직이 하고, 환한 얼굴에 옥 같은 손으로 유리잔을 들어 차례로 술잔을 돌리니 일어나 절하고 받았으나 술을 못 먹어도 사양할 길이 없어 두 손으로 받아 입에 대니 맑은 향기가 달고 맛이 있었다.

대풍류(大風流)가 시작되자 가까이에서 모두 다 감탄의 입이 벌어졌고. 다른 나라 풍류 음악과 다름이 없었다. 거의 비슷하게 연화대 학춤에서 연꽃을 학이 쪼니 점점 떨어지고 그 꽃 속에서 아이가 연잎을 쓰고 안개옷을 입고 나와 생황(笙簧)을 부니, 이 춤은 본디 있었으나 생황 부는 것은 처음이었다.

순배(巡杯)가 일곱 번 돌자, 정조는 직접 칠언율시(七言律詩)를 지어 내빈과 외빈 앞에서 읊었다.

큰 복을 많이 받아 운명을 맞이함이 새롭고
봉황이 저를 불고 난새가 피리 불며 청춘을 붙잡도다
땅의 상서로움으로 만든 관화곡은 삼축(三祝)을 능가하고
해가 유홍(流虹)에 이르렀으니 육순이 되셨도다
내외빈들은 꽃나무로 모이고
문무 관원은 바로 꽃을 구경하는 자들이라
해마다 오직 오늘 같기만 바라노니
장락당에 술이 몇 순배가 돌았는가

외빈 중에는 영의정 홍낙성 등 70인 전원이 시에 화답했고, 제신 중에는

좌의정 유언호 등 77인이 화답했다.

계속하여 순배는 돌아오고 잔치의 흥겨움이 고조되자 정조는 "불취무귀(不醉無歸)", 즉 취하지 않은 자는 돌아갈 수 없다고 말한다.

간밤의 서장대 야조를 통해 보는 이들의 간담을 서늘케 했던 정조는 오늘 신하들에게 흠뻑 취하기를 권한다. 어쩌면 그가 취하자고 했던 것은 술이라기보다 행복이고 기쁨이었는지 모른다. 정조가 따라 준 술에는 복수보다 미래가 담겨 있었고, 신하들이 받은 술잔에는 분노가 아닌 용서가 새겨져 있었다.

그리고 묵묵히 애쓴 716명의 장관과 군사들에게 떡 2개, 국 1그릇, 마른 대구 1조각의 특식이 주어졌다.

두 번의 회갑 잔치

「봉수당진찬도」 외에도 「연희당진찬도(燕喜堂進饌圖)」라는 또 다른 진찬연 모습이 담긴 그림이 『원행을묘정리의궤』 등에 실려 있다. 이는 같은 해 6월 18일에 창경궁 연희당에서 거행되었던 혜경궁 홍씨의 회갑 잔치를 그린 것이다. 혜경궁은 6월 18일에 또 한 번의 회갑 잔칫상을 받았다. 왜 정조는 화성과 한성에서 두 번에 걸쳐 회갑 잔치를 열었을까? 김문식 교수(단국대학교 사학과)는 그 이유를 이렇게 보았다.

실제 혜경궁 홍씨의 회갑 잔치가 그해 6월 창경궁에서 열립니다. 6월이 생일이었으니까요. 그 의미를 짚어 보면 사도세자의 생일이 1월이니까 사도세자가 살아 있었다면 그해 1월에 회갑 잔치를 치러야 했습니다. 그래서 사도세자의 무덤이 있는 화성에 가서 회갑 잔치를 했던 거죠. 화성에서 열린 회갑 잔치는 이런 의미가 있었다고 할 수 있습니다.

어쩌면 이날의 회갑 잔치는 사도세자를 위한 것이었는지도 모른다. 다

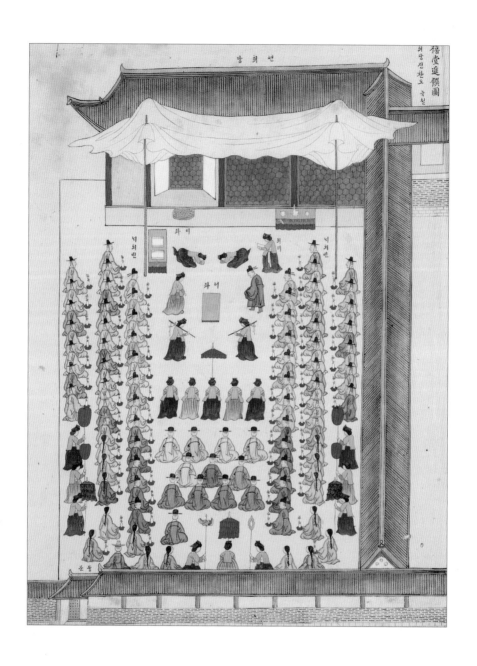

『화성원행의궤도』 중
「연희당진찬도」

시 김문식 교수의 설명이다.

당시 정조가 화성에 가서 어머니 혜경궁과 함께 사도세자의 무덤을 참배하고, 그다음에 본행사로 혜경궁 홍씨의 회갑 잔치를 열었다는 것은 결국에는 백성과 신하들이 충성해야 할 대상이 국왕, 그리고 그 국왕이 효를 보이는 혜경궁 홍씨와 사도세자라는 의미이지요. 결국 정조는 효를 강조함으로써 백성과 신하들에게 사도세자의 복권을 희망하는 자신의 의도를 충족시켜 달라고 요구했던 것입니다.

봉수당 진찬연에
등장하는 음식들

『원행을묘정리의궤』에는 봉수당 진찬연에 사용된 음식과 그릇, 장식용 꽃 등이 자세히 설명되어 있다. 혜경궁 홍씨는 두 개의 상을 받았는데, '자궁찬안' 70기와 '자궁소별미상' 12기이다. 정조도 두 개의 상을 받았는데, 임금찬안 20기와 임금소별미상 9기이다.

혜경궁이 받은 상 : 자궁찬안
검은 칠의 족반을 사용하여
자기로 70기를 올린다.

각색병 1기, 고임 높이는 1자 5치이다.

재료 및 분량: 백미병(白米病)에서 멥쌀 4말, 찹쌀 1말, 검정콩 2말, 대추 7되, 밤 7되이고, 점미병(粘米餅)에서 찹쌀 3말, 녹두 1말 2되, 대추 4되, 건시 4곳이며, 삭병(槊餅)에서 찹쌀 1말 5되, 검정콩 6되, 대추 3되, 밤 3되, 꿀 3되, 계핏가루 3냥이고, 밀설기(蜜雪只)에서 멥쌀 5되, 찹쌀 3되, 대추 3되, 밤 2되, 꿀 2되, 건시 2곳, 잣 5홉이다. 석이병(石耳餅)에서 멥쌀 5되, 찹쌀 2되, 꿀 2되, 석이버섯 1말, 대추 3되, 밤 3되, 건시 2곳, 잣 3홉이고, 각색절병(各色切餅)에서 멥쌀 5되, 연지 1주발, 치자 1돈, 쑥 5홉, 김 2냥이며, 각색주악(各色助岳)에서 찹쌀 5되, 참기름 5되, 검정콩 2되, 숙을 2되, 참깨 2되, 송고 10편, 치자 3돈, 쑥 5홉, 김2홉, 꿀 1되 5홉이고, 각색사증병(各色沙烝餅)에서 찹쌀 5되, 참기름 5되, 승검초 5홉, 잣 2홉, 꿀 1되 5홉이고, 각색단자병(各色團子餅)에서 찹쌀 5되, 석이버섯 3되, 대추 3되, 숙율 3되, 쑥 5홉, 잣 5홉, 꿀 1되 5홉, 계핏가루 3돈, 말린 생강 가루 2돈이다.

약반 1기

재료 및 분량: 찹쌀 5되, 대추 7되, 밤 7되, 참기름 7홉, 꿀 1되 5홉, 잣 2홉, 간장 1홉이다.

국수 1기

재료 및 분량: 메밀가루 3되, 녹말 5홉, 간장 5홉, 꿩 2각, 쇠고기 안심육 3냥, 달걀 5개, 후춧가루 2개이다.

대약과 1기, 고임 높이는 1자 5치이다. 약과 225개〔立〕로 만든다.

재료 및 분량: 밀가루 4말 5되, 꿀 1말 8되, 참기름 1말 8되, 건시 5곶, 잣 3되, 계핏가루 1냥, 후춧가루 5돈, 말린 생강 가루 1돈, 참깨 2홉, 사탕 2원이다.

만두과 1기, 고임 높이는 1자 5치이다.

재료 및 분량: 밀가루 3말, 참기름 1말 2되, 꿀 1말 2되, 참기름 1말 2되, 대추 8되, 황율 가루 8되, 건시 5곶, 잣 3되, 계핏가루 1냥, 후춧가루 5돈, 말린 생강 가루 2돈, 사탕 3원이다.

다식과 1기, 고임 높이는 1자 5치이다.

재료 및 분량: 밀가루 3말, 참기름 1말 2되, 꿀 1말 2되, 말린 생강 가루 1돈, 계핏가루 3돈, 잣 5홉, 참깨 7홉, 후춧가루 2돈, 사탕 2원이다.

흑임자다식 1기, 고임 높이는 1자 5치이다.

재료 및 분량: 흑임자 4말, 꿀 9되이다.

송화다식 1기, 고임 높이는 1자 5치이다.

재료 및 분량: 송홧가루 3말 5되, 꿀 9되이다.

율다식 1기, 고임 높이는 1자 5치이다.

재료 및 분량: 황율 가루 4말, 꿀 9되이다.

산약다식 1기, 고임 높이는 1자 5치이다.

재료 및 분량: 산약 30단, 꿀 9되이다.

홍갈분다식 1기, 고임 높이는 1자 5치이다.

재료 및 분량: 갈분 2말, 녹말 1말 5되, 꿀 8되, 연지 15주발, 오미자 5되이다.

홍매화강정 1기, 고임 높이는 1자 5치이다.

재료 및 분량: 찹쌀 2말, 차조(粘租) 7말, 참기름 1말 3되, 백당 5근, 술 2되, 꿀 2되, 지초 2근이다.

백매화강정 1기, 고임 높이는 1자 5치이다.

재료 및 분량: 찹쌀 2말, 차조 7말, 참기름 9되, 백당 5근, 술 2되, 꿀 2되이다.

황매화강정 1기, 고임 높이는 1자 5치이다.

재료 및 분량: 찹쌀 2말, 차조 7말, 참기름 9되, 백당 5근, 꿀 1되, 울금 8냥, 술 2되이다.

홍연사과 1기, 고임 높이는 1자 5치이다.

재료 및 분량: 찹쌀 2말, 세건반(細乾飯) 1말 2되, 참기름 1말 2되, 백당 4근, 지초 2근, 소주 1복자[鐥], 꿀 3되이다.

백연사과 1기, 고임 높이는 1자 5치이다.

재료 및 분량: 찹쌀 2말, 참기름 1말, 백당 4근, 잣 1말 4되, 소주 1복자, 꿀 3되이다.

황연사과 1기, 고임 높이는 1자 5치이다.

재료 및 분량: 찹쌀 2말, 참기름 9되, 백당 2근, 지초 1근 8냥, 술 2되, 꿀 3되이다.

홍감사과 1기, 고임 높이는 1자 5치이다.

재료 및 분량: 찹쌀 2말, 참기름 6되, 백당 2근, 술 2되, 꿀 2되이다.

홍요화 1기, 고임 높이는 1자 5치이다.

재료 및 분량: 밀가루 2말, 건반 1말 2되, 참기름 1말 3되, 백당 6근, 지초 2근이다.

백요화 1기, 고임 높이는 1자 5치이다.

재료 및 분량: 밀가루 2말, 건반 1말 2되, 참기름 1말, 백당 7근이다.

황요화 1기, 고임 높이는 1자 5치이다.

재료 및 분량: 밀가루 2말, 건반 1말 2되, 참기름 1말, 백당 7근, 송홧가루 3되이다.

각색팔보당 1기, 고임 높이는 1자 4치이다.

재료 및 분량: 팔보당 14근이다.

인삼당 1기, 고임 높이는 1자 3치이다.

재료 및 분량: 문동당, 인삼당, 빙당을 합하여 13근으로 한다.

오화당 1기, 고임 높이는 1자 2치이다.

재료 및 분량: 옥춘당 4근, 오화당 8근이다.

조란 1기, 고임 높이는 1자이다.

재료 및 분량: 대추 2말, 황율 1말 5되, 잣 1말, 꿀 7되, 계핏가루 1냥이다.

율란 1기, 고임 높이는 1자이다.

재료 및 분량: 황율 2말 5되, 꿀 6되, 계핏가루 1냥, 후춧가루 3돈, 잣 8되, 사탕 3원이다.

강란 1기, 고임 높이는 1자이다.

재료 및 분량: 생강 5말, 잣 1말, 꿀 7되, 백당 2근이다.

용안·여지 1기, 고임 높이는 1자 4치이다.

재료 및 분량: 용안 7근, 여지 7근이다.

밀조·건포도 1기, 고임 높이는 1자 1치이다.

재료 및 분량: 밀조 5근, 포도 6근이다.

민강(閩薑) 1기, 고임 높이는 1자이다.

재료 및 분량: 민강 23근이다.

귤병 1기, 고임 높이는 1자이다.

재료 및 분량은 귤병 320개이다.

유자 1기

재료 및 분량: 유자 80개이다.

석류 1기

재료 및 분량: 석류 80개이다.

배 1기

재료 및 분량: 석류 80개이다.

준시 1기, 고임 높이는 1자이다.

재료 및 분량: 준시 430개이다.

밤 1기

재료 및 분량: 밤 3말 5되이다.

황율 1기

재료 및 분량: 황율 3말 5되이다.

대추 1기

재료 및 분량: 대추 3말, 잣 5되이다.

대추찜〔蒸大棗〕 2기

재료 및 분량: 대추 4말, 잣 3되이다.

호두 1기, 고임 높이는 1자이다.

재료 및 분량: 호두 3말 5되이다.

산약 1기, 고임 높이는 7치이다.

재료 및 분량: 산약 20단이다.

잣 1기, 고임 높이는 1자이다.

재료 및 분량: 잣 2말이다.

각색정과 1기, 고임 높이는 7치이다.

재료 및 분량: 생강 2말, 모과 15개, 연근 1묶음, 산사 5되, 두충 3되, 동아 1편, 배 10개, 도라지 2단, 유자 8개, 감자 8개, 연지 2주발, 치자4냥, 산사고(山査膏) 3편, 꿀 8되이다.

수정과 1기

재료 및 분량: 석류 3개, 감자 2개, 유자 2개, 배 5개, 연지 1주발, 꿀 5홉, 잣 2홉이다.

배숙〔生梨熟〕 1기

재료 및 분량: 배 15개, 꿀 1되 5홉, 잣 2홉, 후추 3홉이다.

금중탕 1기

재료 및 분량: 묵은닭 3수, 쇠고기 4냥, 해삼 5개, 달걀 5개, 무 5개, 전복 5개, 박고지 1사리, 다시마 2립, 오이 2개, 표고버섯 1홉, 밀가루 1홉, 후춧가루 5작, 간장 1홉 5작 이다.

완자탕 1기

재료 및 분량: 무 5개, 해삼 5개, 달걀 5개, 꿩 2수, 쇠고기 4냥, 양 4냥, 돼지고기 4냥, 전복 5개, 곤자소니 2부, 오이 2개, 녹말 1홉, 표고버섯 1홉, 후춧가루 5작, 간장 1홉 5작이다.

저포탕 1기

재료 및 분량: 저포(猪胞) 5부, 쇠고기 1근, 묵은닭 2수, 후춧가루 5작, 간장 1홉 5작 이다.

계탕 1기

재료 및 분량: 묵은닭 3수, 달걀 5개, 다시마 2립, 후춧가루 5작, 간장 1홉 5작이다.

홍합탕 1기

재료 및 분량: 홍합 130개, 쇠고기 1근, 후춧가루 5작, 간장 1홉이 5작이다.

편육 1기, 고임 높이는 1자 5치이다.

재료 및 분량: 황대구 13미, 건대구 13미, 홍어 7미, 상어 7미, 광어 10미, 문어 3미, 전복 7곳, 염포 7첩, 추복 5첩, 오징어 5첩, 건치 6수이다.

어전유아 1기, 고임 높이는 1자이다.

재료 및 분량: 숭어 2묶음, 달걀 170개, 참기름 8되, 녹말 4되, 소금 2홉이다.

생치전유아 1기, 고임 높이는 1자이다.

재료 및 분량: 꿩 10수, 달걀 150개, 녹말 1되, 메밀가루 6되, 참기름 8되, 소금 1홉이다.

전치수 1기

재료 및 분량: 꿩 7수, 참기름 1홉 5작, 소금 1홉 5작이다.

화양적 1기, 고임 높이는 7치이다.

재료 및 분량: 돼지고기 7근, 돼지고기 안심육 5근, 양 1/2부, 요골 5부, 곤자소니 5부, 숭어 1미, 달걀 50개, 전복 7개, 해삼 3곶, 밀가루 5되, 도라지 3묶음, 파 1단, 석이버섯 2되, 표고버섯 1되, 후춧가루 1돈 5푼, 간장 1홉, 소금 1홉이다.

생치숙(生雉熟) 1기

재료 및 분량: 꿩 4수, 쇠고기 1근, 후춧가루 1돈, 간장 1홉, 소금 1홉이다.

숭어찜 1기

재료 및 분량: 숭어 2미, 쇠고기 1근, 묵은닭 1수, 달걀 5개, 녹말 3홉, 간장 1홉이다.

해삼찜 1기

재료 및 분량: 해삼 1첩 7곶, 저각 3부, 쇠고기 3근, 달걀 80개, 밀가루 5되, 참기름 5되, 소금 2홉이다.

연저증(軟猪蒸) 1기

재료 및 분량: 연저 3구, 묵은닭 2수, 꿩 2수, 쇠고기 1근, 참기름 3되, 잣 5홉, 후춧가루 1홉, 생강 2홉, 간장 1홉 5작이다. 쇠고기 2근, 녹말 2되, 참기름 7홉, 후춧가루 1홉 2작, 간장 1홉 2작, 소금 1홉 2작이다.

어만두 1기

재료 및 분량: 숭어 6미, 저각 2부, 쇠고기 2근, 녹말 2되, 참기름 5홉, 후춧가루 1홉, 소금 1홉이다.

어채 1기, 고임 높이는 4치이다.

재료 및 분량: 숭어 3미, 전복 5개, 양 2근, 돼지고기 2근, 해삼 3곶, 도라지 1/2단, 달걀 50개, 곤자소니 3부 석이버섯 1되, 표고버섯 5홉, 녹말 5되, 연지 1주발이다.

어회 1기

재료 및 분량: 숭어 5미, 농어 1미이다.

숙합회(熟蛤膾) 1기

재료 및 분량: 대합 3말 2되, 녹말 5되, 소금 1홉 5작이다.

숙란(熟卵) 1기

재료 및 분량: 달걀 320개이다.

꿀 1기

재료 및 분량: 꿀 7홉이다.

초장 1기

재료 및 분량: 간장 5홉, 초 2홉, 잣 1작이다.

겨자 1기

재료 및 분량: 겨자 7홉이다.

혜경궁이 받은 상 : 자궁소별미상
12기로 한다.

미음 1기

재료 및 분량: 멥쌀 1되, 대추 2되, 꿀 2홉이다.

각색병 1기, 고임 높이는 5치이다.

재료 및 분량: 삭병에서 찹쌀 4말, 검정콩 1되 6홉, 숙율 1되, 대추 1되, 계핏가루 5돈, 꿀 6홉이고, 각색절병에서 멥쌀 3되, 연지 1/2주발, 치자 1돈, 쑥 3홉, 김 3돈, 참기름 3작이며, 건시조악병에서 찹쌀 3되, 선시 4곳, 검정콩 2되, 계핏가루 3돈, 꿀 5홉, 참기름 1되 5홉이다.

침채만두 1기

재료 및 분량: 멥쌀 2되, 메밀가루 7홉, 송침채(松沈菜) 1주먹, 꿩 2각, 쇠고기 3냥, 돼지고기 3냥, 두부 2모, 잣 3작, 참기름 1홉 5작, 간장 1홉 5작이다.

다식과 · 만두과 1기, 고임 높이는 5치이다.

재료 및 분량: 밀가루 5되, 대추 1되, 황율 1되, 건시 1곳, 꿀 2되, 참기름 2되, 잣 3홉, 말린 생강 가루 7푼, 후춧가루 7푼, 계핏가루 2돈, 사탕 1/2원이다.

홍백연사과 1기, 고임 높이는 5치이다.

재료 및 분량: 찹쌀 5되, 세건반 3되, 참기름 2되 5홉, 지초 2냥, 백당 1근 1냥 1돈, 잣 5홉, 소주 1잔, 꿀 7홉이다.

배 · 석류 1기

재료 및 분량: 배 6개, 석류 9개이다.

대추 · 밤 1기

재료 및 분량: 대추 1되, 밤 4되, 잣 1홉이다.

각색정과 1기, 고임 높이는 3치이다.

재료 및 분량: 연근 5뿌리 생강 2되, 산사 2되, 감자 3개, 모과 3개, 유자 2개, 배 2개, 동아 3편, 두충 1되, 꿀 1되이다.

벌잡탕 1기

재료 및 분량: 묵은닭 2각, 쇠고기 2냥, 양 2냥, 저포 2냥, 곤자소니 1부, 숭어 1/2미, 달걀 5개, 전복 1개, 무 1개, 오이 1개, 해삼 2개, 두골 1/2개, 박고지 1주먹, 참기름 5홉, 녹말 3홉, 표고버섯 2작, 잣 2작, 후춧가루 1작, 간장 2홉이다.

열구자탕 1기

재료 및 분량: 꿩 2각, 묵은닭 2각, 숭어 1/2미, 소고기 3냥, 곤자소니 1부, 요골 1/2부, 돼지고기 2냥, 우설 2냥, 양 2냥, 숙저육 2냥, 저포 2냥, 달걀 15개, 전복 2개, 무 2개, 오이 2개, 추복 3조, 해삼 3개, 표고버섯 1홉, 참기름 6홉, 녹말 3홉, 파 1단, 미나리 1/2단, 고사리 1주먹, 박고지 1주먹, 도라지 1주먹, 횡율 5작, 대추 5작, 잣 5작, 간장 5홉이다.

어만두 1기

재료 및 분량: 숭어 2미, 숙육 5근, 숙저육 5냥, 묵은닭 2각, 두부 2모, 생강 2홉, 잣 2홉, 참기름 2홉, 파 2주먹, 후춧가루 2작, 녹말 5홉, 소금 1홉이다.

저포 1기

재료 및 분량: 저포 5부이다.

꿀 1기

재료 및 분량: 꿀 2홉이다.

초장 1기

재료 및 분량: 간장 7작, 초 3작, 잣 1작이다. 상화 42개, 대수파련 1개, 중수파련 1개,

소수파련 2개, 삼색목단화 3개, 월계 1개, 사계 1개, 홍도별삼지화 6개, 홍도별건화 5개, 홍도건화 15개, 홍도간화 7개이다.

정조가 받은 상 : 임금찬안

검은 칠의 족반을 사용하여

자기로 20기를 올린다.

각색병 1기, 고임 높이는 8치이다.

재료 및 분량: 백미병에서 멥쌀 2말, 찹쌀 5되, 검정콩 1말, 대추 4되, 밤 4되이고, 점미병에서 찹쌀 1말 5되 녹두 6되, 대추 2되, 밤 2되, 건시 2곶이며, 삭병에서 찹쌀 8되, 검정콩 3되, 대추 1되 5홉, 밤 1되 5홉, 꿀 1되 5홉, 계핏가루 1냥 5돈이고, 밀설기에서 멥쌀 3되, 찹쌀 1되 5홉, 대추 1되 5홉, 밤 1되, 꿀 1되, 건시 1곶, 잣 2홉이고, 석이병에서 멥쌀 3되, 꿀 1되, 석이버섯 5되, 대추 1되 5홉, 밤 1되 5홉, 건시 1곶, 잣 1홉 5작이며, 각색절병에서 멥쌀 3되, 연지 1/2주발, 치자 7푼, 쑥 3홉, 김 1냥이다. 각색주악에서 찹쌀 3되, 참기름 3되, 검정콩 1되, 숙율 1되, 참깨 1되, 송고 5편, 치자 2돈, 쑥 3홉, 김 1냥, 꿀 8홉, 잣 1홉이고, 각색사증병에서 찹쌀 3되, 참기름 3되, 꿀 9홉, 승검초가루 3홉, 잣 1홉이며, 각색단자병에서 찹쌀 3되, 석이버섯 1되, 대추 1되 5홉, 숙율 1되 5홉, 쑥 3홉, 잣 3홉, 꿀 8홉, 계핏가루 2돈, 말린 생강 가루 1돈이다.

약반 1기

재료 및 분량: 찹쌀 4되, 대추 6되, 밤 6되, 참기름 6홉, 꿀 1되 2홉, 잣 2홉, 간장 1홉이다. 가루 2작이다.

대약과 1기, 고임 높이는 8치이다. 약과 115개〔立〕로 만든다.

재료 및 분량: 밀가루 2말 3되, 꿀 9되 2홉, 참기름 9되 2홉, 잣 8홉, 계핏가루 2돈, 후춧가루 2작이다.

각색다식 · 각액연사과 1기, 고임 높이는 4차이다.

재료 및 분량: 찹쌀 8되, 참기름 4되, 잣 1되 6홉, 세건반 3되 2홉, 지초 4냥, 백당 2근, 갈분 3되, 황율 3되 송홧가루 3되, 흑임자 3되, 꿀 3되, 연지 1주발, 오미자 2홉이다.

각색강정 1기, 고임 높이는 8치이다.

재료 및 분량: 찹쌀 1말, 세건반 6되, 참기름 6되, 참깨 3되, 흑임자 3되, 잣 3되, 송홧가루 2되, 백당 3근, 꿀 1되, 지초 6냥이다.

민강 1기, 고임 높이는 7치이다.

재료 및 분량: 귤병 220개이다.

유자·석류 1기

재료 및 분량: 유자 15개, 석류 15개이다.

배 1기

재료 및 분량: 배 30개이다.

준시 1기, 고임 높이는 6치이다.

재료 및 분량: 준시 258개이다.

밤 1기

재료 및 분량: 밤 1말 8되이다.

각색정과 1기, 고임 높이는 5치이다.

재료 및 분량: 생강 1말 3되, 모과 10개, 연근 1/2묶음, 두충 2되, 산사 2되, 동아 1편, 배 7개, 도라지 1단, 유자 6개, 감자 6개, 연지 1주발, 치자 1냥, 산사고 2편, 꿀 5되이다.

수정과 1기

재료 및 분량: 석류 2개, 유자 2개, 배 3개, 꿀 5홉, 잣 1홉이다.

금중탕 1기

재료 및 분량: 묵은닭 3수, 쇠고기 4냥, 돼지고기 4냥, 해삼 4개, 달걀 5개, 무 5개, 전복 3개, 박고지 1사리, 다시마 2립, 오이 2개, 표고버섯 1홉 5작, 밀가루 1홉 5작, 후춧가루 5작, 간장 1홉이다.

완자탕 1기

재료 및 분량: 무 5개, 해삼 5개, 달걀 5개, 묵은닭 2수, 쇠고기 4냥, 양 4냥, 돼지고기 4냥, 전복 3개, 곤자소니 2부, 오이 2개, 녹말 1홉, 표고버섯 1홉, 후춧가루 5작, 간장 1홉이다.

편육 1기, 고임 높이는 6치이다.

재료 및 분량: 돼지고기 16근이다.

절육 1기, 고임 높이는 8치이다.

재료 및 분량: 황대구 7미, 건대구 7미, 홍어 4미, 상어 4미, 광어 6미, 문어 2미, 전복 4곶, 염포 4첩, 추복 3첩, 오징어 3첩, 건치 3수이다.

각색전유아 1기, 고임 높이는 6치이다.

재료 및 분량: 숭어 6미, 꿩 4수, 달걀 85개, 참기름 4되, 메밀가루 4되 5홉, 밀가루 3되, 소금 2홉 5작이다.

어회 1기

재료 및 분량: 숭어 5미, 농어 1미이다.

꿀 1기

재료 및 분량: 꿀 7홉이다.

초장 1기

재료 및 분량: 간장 4홉, 초 3홉이다.

겨자 1기

재료 및 분량: 겨자 7홉이다.

정조가 받은 상 : 임금소별미상
9기로 한다.

미음 1기

재료 및 분량: 멥쌀 1되, 대추 2되, 꿀 2홉이다.

각색병 1기, 고임 높이는 5치이다.

재료 및 분량: 삭병에서 찹쌀 4되, 검정콩 1되 6홉, 숙율 1되, 대추 1되, 계핏가루 5돈, 꿀 6홉이고, 각색절병에서 멥쌀 3되, 연지 1/2주발, 치자 1돈, 쑥 3홉, 김 3돈, 참기름 3작이며, 건시주악병(乾柿助岳餅)에서 꿀 5홉, 참기름 1되이다.

침채만두 1기

재료 및 분량: 멥쌀 2되, 메밀가루 7홉, 송침채 1주먹, 꿩 2조각, 쇠고기 2냥, 돼지고기 2냥, 두부 2모, 잣 2작, 참기름 5작, 간장 1홉 5작이다.

다식과·만두과 1기, 고임 높이는 5치이다.

재료 및 분량: 밀가루 5되, 대추 1되, 황율 1되, 건시 1곶, 꿀 2되, 참기름 2대, 잣 3홉,

말린 생강 가루 7푼, 후춧가루 7푼, 계핏가루 2돈, 사탕 1/2원이다.

대추 · 밤 1기

재료 및 분량: 대추 2되, 밤 4되, 잣 1홉이다.

각색정과 1기, 고임 높이는 3치이다.

재료 및 분량: 연근 5뿌리, 생강 2되, 산사 2되, 감자 3개, 모과 3개, 유자 2개, 배 2개, 동아 3편, 두충 1되, 꿀 1되이다.

별잡탕 1기

재료 및 분량: 묵은닭 2각, 쇠고기 2냥, 양 2냥, 저포 2냥, 곤자소니 1부, 숭어 1/2미, 달걀 5개, 전복 1개, 무 1개, 오이 1개, 해삼 2개, 두골 1/2부, 박고지 1주먹, 참기름 5홉, 녹말 3홉, 표고버섯 2작, 잣 2작, 후춧가루 1작, 간장 2홉이다.

열구자탕 1기

재료 및 분량: 꿩 2각, 묵은닭 2각, 숭어 1/2미, 쇠고기 3냥, 곤자소니 1부, 요골 1/2부, 돼지고기 2냥, 우설 2냥, 양 2냥, 저포 2냥, 달걀 15개, 전복 2개, 무 2개, 오이 2개, 추복 3조, 해삼 3개, 표고버섯 1홉, 참기름 6홉, 녹말 3홉, 파 1단, 미나리 1/2단, 고사리 1주먹, 박고지 1주먹, 도라지 1주먹, 황율 5작, 대추 5작, 잣 5작, 간장 2홉이다.

저포 1기

재료 및 분량: 저포 5부이다.

꿀 1기

재료 및 분량: 꿀 2홉이다.

초장 1기

재료 및 분량: 간장 7작, 초 3작이다. 상화 26개, 대수파련 1개, 중수파련 1개, 소수파련 1개, 월계 1개, 사계 1개, 삼색목단화 2개, 홍도별삼지화 4개, 홍도별건화 5개, 홍도별간화 10개이다.

각각 20기로 한다.

내외빈의 상

내빈 15상

각색병 1기

재료 및 분량: 백미병에서 멥쌀 3되, 찹쌀 1되, 검정콩 1되, 대추 2홉, 밤 2홉이고, 점미병에서 찹쌀 2되, 녹두 8홉, 대추 4홉, 밤 4홉이고, 각색주악에서 멥쌀 1되, 찹쌀 1되, 검정콩 2홉 8작, 참기름 2홉, 대추 2홉, 밤 2홉, 건시 2개, 석이버섯 3홉 9작, 잣 2작, 꿀 1홉 1작, 연지 1편, 송고 1편, 치자 1개, 김 7푼, 참깨 7작이다.

국수 1기

재료 및 분량: 메밀가루 2되, 꿩 1/2각, 쇠고기 2냥, 달걀 2개, 간장 1홉, 후춧가루 1작이다.

소약과 1기

재료 및 분량: 밀가루 5되, 꿀 2되, 참기름 2되, 계핏가루 5푼, 후춧가루 5푼, 잣 5작, 참깨 5작이다.

각색강정 1기

재료 및 분량: 찹쌀 1되, 세건반 5홉, 참깨 2홉, 송홧가루 1홉 5작, 흑임자 1홉 5작, 참기름 6홉, 백당 5냥, 지초 1냥 6돈이다.

각색요화 1기

재료 및 분량: 밀가루 2되, 건반 1되, 참기름 1되, 백당 8냥, 지초 2냥, 송홧가루 3홉이다.

준시 1기

재료 및 분량: 준시 40개이다.

배 · 대추 · 밤 1기

재료 및 분량: 배 3개, 대추 5홉, 밤 1되 5홉이다.

잡탕 1기

재료 및 분량: 묵은닭 1/2각, 해삼 2개, 전복 1/2개, 오이 1/2개, 쇠고기 2냥, 돼지고기 2냥, 양 2냥, 숭어 1/2미, 달걀 1개, 무 1개, 박고지 1주먹, 다시마 1/2립, 후춧가루 1작, 간장 1홉이다.

절육 1기

재료 및 분량: 황대구 1미, 홍어 1미, 건대구 2미, 광어 2미, 오징어 3미, 염포 5조, 문어 3조, 전복 4개이다.

어전유아 · 저육족병 1기

재료 및 분량: 돼지고기 8냥, 숭어 1/2미, 우족 1개, 참기름 1홉, 달걀 7개, 묵은닭 1/2조각, 후춧가루 2작, 녹말 1홉, 메밀가루 1홉, 소금 2작이다.

화양적 1기

재료 및 분량: 돼지고기 1근 8냥, 도라지 1단, 파 1단, 밀가루 2홉, 참기름 2홉, 석이버섯 4작, 표고버섯 6작, 달걀 2개, 간장 1홉이다.

꿀 1기

재료 및 분량: 꿀 1홉이다.

초장 1기

재료 및 분량: 간장 3작, 초 2작이다. 상화각 8개, 소수파련 1개, 홍도삼지화 2개, 간화 2개, 홍도건화 3개이다.

제신상상
그릇의 수와 찬품 및 상화는 내빈상과 같다.

제신중상
각각 8기로 한다.

각색병 1기

재료 및 분량: 백미병에서 멥쌀 2되, 찹쌀 1되, 검정콩 9홉, 대추 2홉, 밤 2홉이고, 점미병에서 찹쌀 1되 5홉, 녹두 5홉, 대추 3홉, 밤 3홉이며, 각색주악에서 멥쌀 9홉, 찹쌀 9홉, 검정콩 2홉 4작, 대추 1홉 8작, 밤 1홉 8작, 건시 1개, 치자 1개, 석이버섯 3홉,

잣 2작, 꿀 9작, 연지 1편, 송고 1편, 참기름 1홉 8작, 김 6푼, 참깨 6작이다.

국수 1기

재료 및 분량: 메밀가루 1되 5홉, 묵은닭 1/2각, 쇠고기 2냥, 달걀 1개, 간장 7작, 후춧가루 1작이다.

소약과 1기

재료 및 분량: 밀가루 3되, 꿀 1되, 참기름 1되 4홉, 계핏가루 3푼, 후춧가루 3푼, 잣 3작, 참깨 3작이다.

각색강정 1기

재료 및 분량: 찹쌀 1되, 세건반 5홉, 참깨 2홉, 송홧가루 1홉 5작, 흑임자 1홉 5작, 참기름 6홉, 백당 5냥, 지초 1냥 6돈이다.

준시 · 배 1기

재료 및 분량: 준시 20개, 배 2개이다.

잡탕 1기

재료 및 분량: 묵은닭 1/2조각, 해삼 2개, 숭어 1/2미, 쇠고기 2냥, 돼지고기 2냥, 양 2냥, 오이 1/2개, 전복 1/2개, 달걀 1개, 무 1개, 박고지 1/2주먹, 다시마 1/2립, 후춧가루 1작, 간장 1작이다.

어전유아 · 저육족병 1기

재료 및 분량: 돼지고기 8냥, 숭어 1/2미, 우족 1/2개, 참기름 1홉, 달걀 4개, 묵은닭 1/2각, 후춧가루 1작, 녹말 5작, 메밀가루 5작 소금 2작이다.

화양적 1기

재료 및 분량: 돼지고기 1근, 도라지 1/2단, 파 1/2단, 참기름 9작, 밀가루 9작, 석이 버섯 3작, 표고버섯 3작, 달걀 1개, 소금 5작 간장 7작이다.

꿀 1기

재료 및 분량: 꿀 7작이다

초장 1기

재료 및 분량: 간장 3작, 초 2작이다. 상화각 4개, 홍도삼지화 1개, 건화 1개, 간화 1개, 지간화 1개이다.

제신하상
각각 6기로 한다.

각색병 1기
재료 및 분량: 백미병에서 멥쌀 2되, 찹쌀 5홉, 검정콩 7홉, 대추 2홉, 밤 2홉이고, 점미병에서 찹쌀 1되, 녹두 4홉, 대추 2홉, 밤 2홉이며, 각색주악에서 멥쌀 5홉, 찹쌀 5홉, 검정콩 2홉, 대추 1홉 5자, 밤 1홉 5자, 참기름 1홉 5자, 건시 1개, 연지 1편, 쑥 5작, 치자 5푼, 김 5푼이다.

국수 1기
재료 및 분량: 메밀가루 1되, 묵은닭 1/4냥, 달걀 1개, 간장 7작, 후춧가루 1작이다.

각색요화 1기
재료 및 분량: 밀가루 1되, 건반 6홉, 참기름 6홉, 백당 4냥 3돈, 지초 1냥, 송홧가루 1홉 5작이다.

건시 · 대추 · 밤 1기
재료 및 분량: 건시 10개, 대추 2홉, 밤 5홉이다.

잡탕 1기
재료 및 분량: 묵은닭 1/4조각, 쇠고기 1냥, 돼지고기 1냥, 양 1냥, 해삼 1개, 전복 1/4개, 청오리 1/4개, 달걀 1/2개, 무 1/2개, 박고지 1/4주먹, 다시마 1/4립, 후춧가루 1작, 간장 1홉이다.

화양적 1기
재료 및 분량: 돼지고기 10냥, 도라지 1/2단, 파 1/2단, 참기름 7작, 밀가루 7작, 석이 버섯 2작, 표고버섯 2작, 달걀 1개, 소금 3작이다.

꿀 1기
재료 및 분량: 꿀 5작이다.

초장 1기
재료 및 분량: 상화각 4개, 홍도건화 1개, 간화 1개, 지건화 1개, 지간화 1개이다.

통쾌할 수 있지만

여기서 그친다

신풍루에서 쌀을 나눠 주다

묘시에 정조는 화성행궁의 유여택에서 하교했다.

사민(四民)*과 기민(饑民)*의 수가 4819인이라 하는데 쌀을 나누어 줄 때 네 곳에 나누어 보낼 승지는 이미 임명하였다. 가승지 이유경(李儒敬)은 사창(社倉)으로 가고, 조진관(趙鎭寬)은 산창(山倉)으로 가며, 홍인호(洪仁浩)는 해창(海倉)으로 가서 먼저 어제 하교한 내용을 가지고 일일이 효유해서 혜경궁의 은혜에 의해 쌀을 주고 죽을 먹이는 것임을 알게 할 것이며, 사미와 궤죽을 모두 친림(親臨)한 가운데 하여 혹시라도 빠뜨리는 사람이 없도록 하라. 성 내외의 사민 및 진민(賑民)*은 내가 마땅히 친림하여 나누어 줄 것이다.

이어서 다음과 같이 하교했다.

기민과 사민에게 죽과 쌀을 내리는 것은 일제히 거행하되, 쌀 포대를 먼저 수송하여 신풍루 아래에 두었다가 나누어 줄 때 가서 혼잡하지 않게 하고, 시간이 아직 이르니 혹시라도 미처 오지 못한 자가 있으면 차례차례 알리

* 환과고독(鰥寡孤獨)이라고도 불리는 홀아비, 과부, 고아, 독자를 가리킨다.
* 굶주리는 백성을 가리킨다.
* 가난한 사람 또는 결손 가정을 가리킨다.

화성행궁의 유여택

　게 하여 한 사람이라도 혹시 누락되는 일이 없도록 하라.

　묘시 초3각이 되자, 정조는 융복을 갖추고 신풍루 2층 누각에 올랐다. 그리고 동부승지 이조원(李肇源)에게 "너는 내려가서 쌀은 배급하고 죽을 똑같이 나누어 먹여 사미와 궤죽이 모두 혜경궁의 은혜에서 나왔다는 뜻을 뭇 백성에게 널리 알리라."라고 하교했다. 선전관(宣傳官)에게는 명을 내리기를, "선전관은 죽 한 그릇을 가져오라. 내 마땅히 죽 맛이 어떠한가를 보겠다."라고 명을 내렸다.

　이날 백성들에게 하사된 쌀의 내역은 『원행을묘정리의궤』에 자세하게 기록되어 있다.

『화성원행의궤도』중

「신풍루사미도

(新豊樓賜米圖)」

179

화성부의 사민과 진민에게 내린 쌀

▸ **정조가 신풍루에 와서 쌀을 내린 내역:**

— 사민 50명은 쌀 19섬 3말(홀아비 20명, 과부 24명은 각각 쌀 6말, 고아 6명은 각각 쌀 4말)

— 진민 261명은 쌀 17섬 2말 6되, 소금 1섬 4말 7되 8홉(남자 장정 38명은 각각 쌀 1말 2되와 소금 8홉, 남자 노인 56명과 여자 장년 41명, 여자 노인 71명은 각각 쌀 1말과 소금 8홉, 어린 남녀 55명은 각각 쌀 8되와 소금 6홉)

▸ **산창에 가승지 조진관을 보내어 나누어 준 쌀의 내역:**

— 사민 122명은 쌀 46섬 12말(홀아비 56명, 과부 48명, 독신 3명은 각각 쌀 6말, 고아 15명은 각각 쌀 4말)

— 진민 1169명은 쌀 39섬 4말 1되와 소금 2섬 14말 4되 2홉(남자 장년 280명은 각각 쌀 6되와 소금 4홉, 남자 노인 195명과 여자 장년 258명, 여자 노인 202명은 각각 쌀 5되와 소금 4홉, 어린 남녀 234명은 각각 쌀 4되와 소금 3홉)

▸ **사창에 가승지 이유경을 보내어 나누어 준 쌀의 내역:**

— 사민 163명은 쌀 57섬 1말(홀아비 49명과 과부 49명, 독신 4명은 각각 쌀 6말, 고아 61명은 각각 쌀 4말)

— 진민 1848명은 쌀 62섬 11말 9되와 소금 4섬 10말 9되 9홉(남자 장년 472명은 각각 쌀 6되와 소금 4홉, 남자 노인 332명과 여자 장년 439명, 여자 노인 312명은 각각 쌀 5되와 소금 4홉, 어린 남녀 293명은 각각 쌀 4되와 소금 3홉)

▸ **해창에 가승지 홍인호를 보내어 나누어 준 쌀의 내역:**

— 사민 204명은 쌀 75섬 9말(홀아비 73명과 과부 54명, 독신 32명은 각각 쌀 6말, 고아 45명은 각각 쌀 4말)

— 진민 1535명은 쌀 50섬 6말 1되와 소금 3섬 12말 8되(남자 장년 246명

은 각각 쌀 6되와 소금 4홉, 남자 노인 310명과 여자 장년 323명, 여자 노인 296명은 각각 쌀 5되와 소금 4홉, 어린 남녀 360명은 각각 쌀 4되와 소금 3홉)

네 곳에서 진민 4813명에게는 죽을 만들어서 먹였다. 이에 죽쌀 9섬 9말 2되와 감곽(甘藿)●925립(立), 간장 1가마 12말 7되 4홉이 소요되었다.●

노인들을 위해 잔치를 열다

많으면 많을수록 좋다

이른 새벽 신풍루에서 화성 백성들에게 쌀과 소금, 죽을 나눠 준 후, 정조는 다음 행사장인 낙남헌으로 향했다. 화성에 거주하는 노인들을 위한 양로연이 거행될 예정이었기 때문이다. 이 잔치에 초대된 노인은 399명이었는데, 어가를 따라온 노인 15명과 화성 노인 384명이었다. 선발 기준은 관직에 있는 자는 70세 이상이거나 61세, 선비나 평민은 80세 이상이거나 61세의 노인들이었다. 61세를 포함한 것은 혜경궁 홍씨와 동갑인 노인을 배려한 것이고, 평민을 포함한 것은 정조의 통치 철학을 보여 주는 장면이기도 하다. 최고령자는 김유복(金有福)과 윤악손(尹岳孫)으로 나이가 99세였다.

진시 정1각,● 정조가 낙남헌에 올랐다. 영의정 홍낙성, 우의정 채제공, 영돈녕 김이소, 판부사 이명식, 판돈녕 이민보, 수어사 심이지, 행도승지 이조원, 행대사간 서유신, 호조 참판 조윤형이 전(殿)에 오르고, 2품 이상은 기둥 안에, 3품 이하는 계단 위에 앉았다. 화성 노인들은 자손들의 부축을 받으며 계단 아래 뜰에 앉았다. 정조가 거문고와 비파 연주를 명하니 악공과 가인이 섬돌에 올라와 연주하였다. 일을 진행하는 자들이 노인들에게 꽃을 뿌렸다.

● 갈조류 미역과의 한해살이 바닷말. 흔히 미역이라고 한다.
● 『원행을묘정리의궤』, 권5, 「상전(賞典)」, 을묘(1795년) 윤2월 14일.
● 오전 8시 15분 무렵에 해당한다.

백발노인이 자리에 가득하고 검버섯 돋은 이들이 뜰을 온통 채웠으니, 이날 이 저녁이야말로 노인들 세상이라 하겠다. 어제 모두에게 꽃을 꽂아 주기는 하였지만, 오늘 반열에 참여한 사람들에게는 꽃을 하나씩 더 꽂아 줌으로써 보통이 아닌 성대한 모임임을 알게 해 주어야 할 것이다.

양로 잔치에 참여한 모든 노인은 청려장(靑藜杖)※ 1개씩을 선물로 주었는데, 노란 비단 손수건을 나누어 주어 지팡이 머리에 매달게 하였다.

곧이어 음식이 나왔는데 상만 달랐을 뿐 임금과 노인들은 똑같은 상차림을 받았다.

▸ **정조의 상차림 1상**
붉은 칠은 운복반(雲足盤)을 사용하여 자기로 4기를 올린다.
탕 1기(두부탕), 편육 1기, 흑태찜 1기, 실과 1기(배, 건시, 밤)

▸ **노인들의 상차림 425상**
싸리나무반에 자기로 4기를 사용한다.
탕 1기(두부탕), 편육 1기, 흑태찜 1기, 실과 1기(배, 건시, 밤)

이어서 신하들이 왕에게 술을 올리는 의식이 거행된다. 정조가 "내가 평소 술 마시는 것을 좋아하지 아니하나 오늘의 취함은 오로지 기쁨을 표하기 위한 것이니 경들도 또한 흠뻑 취해야 할 것이다."라고 하자 우의정 채제공은 "신이 비록 주량은 없더라도 어찌 감히 취하지 않겠습니까?"라고 하였고, 이민보는 "옛사람이 이르되 '즐거워라. 이보다 더 큰 즐거움 없어라.'라고 하였으니, 오늘 저녁 신이 흔축(欣祝)의 마음으로 삼가 취하지 않고는 돌아가지 않을 것입니다."라고 했다.

정조는 술잔을 세 번 돌리고 나서 시를 읊어 보이고 화답을 구했다.

흰 머리 비둘기 지팡이 가진 노인들이 앞뒤로 모이고

※ 명아주 줄기로 만든 지팡이.

182

『화성능행도병풍』 중
「낙남헌양로연도」

해동의 화창한 날씨에 낙남헌 잔치를 베풀었다.

원컨대 앞으로 뭇 노인은 백세 향수를 누리시고

어머니는 만만년(萬萬年) 향수하시기를 절하고 비옵니다

행궁의 담장 너머에는 양로연을 지켜보는 사람이 가득했는데, 대부분이 먼 지방에서 온 노인들이었다. 이를 보고받은 정조는 "모두 하나같이 경사를 축하하는 것이니 많으면 많을수록 더욱 좋다. 어제 잔칫상에서 남은 것을 나누어 주어 자궁의 은덕으로 배불리 먹게 하면 좋겠다."라고 했다.

윤행임에게 어제의 잔칫상 네 개를 가지고 그들 앞에 나아가 일일이 똑같이 나누어 주게 하니 모두 일어나 춤추고 천세를 외쳤다. 잔치가 끝난 후 남은 음식을 포장해 여러 노인에게 나누어 주었다.

8일간의 축제 내내 있었던 일이지만, 이날도 정조는 모든 은덕을 혜경궁에게 돌렸다. 이를 지켜본 사람들은 부모를 섬기는 그의 효심에 감동하게 됐고, 사도세자를 향한 정조의 마음에 의심을 두는 일은 점점 어려워졌다.

이날의 행사 장면을 그린 「낙남헌양로연도(洛南軒養老宴圖)」의 앞뜰에는 노란 수건과 지팡이를 하사받은 화성 노인이 열을 지어 앉아 있다. 화성 노인과 악대 뒤로 의식에는 포함되지 않는 한 무리가 그려졌는데, 이들은 정조의 특명으로 참석이 허락된 장외의 노인이라고 추정해 볼 수 있다.[•]

방화수류정

최첨단 자급자족 도시, 화성

오시(午時)[•]에 정조는 낙남헌에서 나와 방화수류정(訪花隨柳亭)으로 향했다. 양로연을 끝으로 화성에서 열린 공식 행사는 마무리되었다. 오늘이 화성에서 보내는 마지막 날이므로 정조는 화성의 성곽을 좀 더 자세히 살펴

• 유재빈, 「正祖代 宮中 繪畫 연구」(서울대학교 박사 학위논문, 2016), 310~311쪽.

• 오전 11시와 오후 1시 사이에 해당한다.

화성행궁의 방화수류정과 연못인 용연

보고 싶었다. 방화수류정은 성곽 건물 중 가장 경관이 빼어난 정자다. 수행원은 측근 몇 사람으로 제한되었다. 행좌승지 이만수, 행우승지 이익운, 가주서 구득노, 기주관 김양척, 기사관 오태증, 장용외사 조심태, 정리소당상 서용보·윤행임, 검교직각 남공철(南公轍)이 차례로 정조를 따랐다.

일행이 장안문에 이르렀을 때 조심태에게 "일전에 말한 성밖의 노는 땅으로 개간할 수 있는 곳이 어디 있는가?"라고 물으니, 조심태가 성밖의 서북쪽을 하나하나 가리키며 아뢰었다.

그곳은 인공 저수지인 만석거와 대규모 둔전인 대유둔이 들어설 후보지였다. 강력한 첨단 요새도 식량이 없다면 무용지물이다. 정조는 화성에 주둔하는 장용영 군사들과 농토가 없는 화성 백성들을 위해 대규모 농장 건립을 추진하고 있었다.

화홍문(華虹門)을 지나 방화수류정에 올라 화성을 둘러보았다. 1794년

1월에 첫 삽을 뜬 화성은 아직 건설 중인 상태였지만, 엄청난 속도로 공사 기간을 단축하며 그 위용을 갖춰 가고 있었다.

숨 가쁘게 달려온 8일간의 축제도 저물어 갔다. 33년 전 아버지의 죽음에서 시작된 오랜 계획은 한 치의 오차도 없이 착착 실행되고 있었다. 아버지를 죽음으로 몰아넣고 국왕의 처소에 자객을 보내던 반대 세력들은 어떤 처벌을 받을 것인가? 화성에서 보내는 마지막 밤이 기다리고 있었다.

밤하늘의 매화꽃

한 발은 맞히지 않는다

정조는 신시에 득중정으로 향했다. 낙남헌 바로 뒤의 득중정에서 신하들과 활쏘기를 하기로 예정되어 있었다. 이날 유엽전(柳葉箭)*, 소포(小布)*, 장혁(掌革)* 등 세 종류의 화살을 쏘았는데, 단연 정조의 성적이 돋보였다. 총 60발을 쏴서 51발을 맞췄다. 2등은 60발을 쏴서 35발을 맞췄으니 제법 차이가 크게 났다.

유엽전: 6순(巡)*에 24발 명중
소포: 5순에 24발 명중
장혁: 1순에 3발 명중

"활쏘기는 비록 육예(六藝) 가운데 하나의 일이나, 또한 기술에 가까움으로 포기하고 익히지 않은 것이 이미 4년인데, 금일의 적중은 역시 우연일 뿐이다." 정조는 평소 활쏘기에 능했는데, 보통 10순을 쏘면 49발을 맞추는 일이 흔했다. 그때마다 "다 쏘는 것은 옳지 않다"라며 마지막 발은 쏘지 않거나 일부러 빗나가게 하는 경우가 많았다. 이날도 소포의 경우 25발을 쏴서

* 화살촉이 버들잎처럼 생긴 화살.
* 무명 등으로 만든 과녁에 쏘는 작은 화살.
* 손바닥만 한 과녁에 쏘는 화살.
* 1순에 5발이므로 6순이면 30발이 된다.

『화성능행도병풍』 중
「득중정어사도」

24발을 맞췄다.

정조는 신하들에게 저녁을 대접한 후 야간 활쏘기에 나섰다. 그리고 땅에 묻는 화포인 매화포(埋火砲)를 준비시켰다.

많은 구경꾼이 몰려든 가운데 매화포를 터뜨리기 시작했다. 불꽃이 떨어질 때 매화꽃이 떨어지는 것 같다고 하더니, 하늘에서 별이 떨어지는 것 같았다. 그리고 사면(四面)에 줄불이 왕래하여 이 불이 여러 군데로 가 불이 일어나고 다른 불이 여기에 와 불붙이니, 또 불이 일어나 불꽃 터지는 소리가 진동하여 군마들이 놀라 뛰어나갔다. 백성들은 난생처음 보는 장관에 넋을 놓고 그 모습을 지켜보며 축제의 마지막 밤을 수놓는 불꽃놀이를 즐기고 있었다.

『화성능행도병풍』의 여섯 번째 폭인 「득중정어사도(得中亭御射圖)」는 야간 활쏘기와 불꽃놀이를 한 화면에 담고 있다. 왕과 활쏘기를 함께한 신하들은 물론 구경 나온 백성들은 불꽃이 눈부시게 화성의 밤을 수놓는 것을 지켜보았다.

쾌와 지

비정한 권력 다툼 속에 죽어 간 아버지를 지켜보면서 33년을 기다려 온 정조는 기나긴 고통의 시간을 보내야 했다. 그리고 언제나 가슴 깊은 곳에 복수의 칼을 품고 있었다. 기나긴 기다림 끝에 응축된 힘이 최고조에 다다른 지금 단숨에 원수들과 반대 세력을 제거할 절호의 기회가 눈앞에 놓여 있었다. 정조는 과연 어떤 선택을 하게 될까? 다음은 박현모 교수(여주대학교 사회복지상담과)의 설명이다.

정조는 즉위 초에 정치적 힘이 약했기 때문에 정적을 일거에 제거하지 못합니다. 그러나 정조는 재위한 지 15년에서 16년이 된 이후 그럴 만한 힘을 갖게 되었을 때도 반대 세력을 제거하지 않습니다. 그 이유는 정조의 소신,

즉 정치적 신념 때문인데요. 정조는 즉각적으로 정적을 제거하면 '통쾌할(快)' 수도 있으나 정치라는 것은 항상 통쾌함 뒤에 후유증이 따르기 마련이라고 생각했습니다. 영조도 정조에게 통쾌함의 정치가 가져오는 후유증을 유념하라고 말했죠. 그래서 정조는 끝없이 정적을 제거하는 악순환을 자기 대에서 끊어야겠다고 판단했고, 실천했습니다. 정조는 이를 한자로 '그칠 지(止)'라고 표현했는데요. 스스로 할 수 있는데 하지 않고 멈춘다는 의미였죠. 이렇게 함으로써 정조는 반대 세력에게서 "아, 저 임금은 연산군처럼 우리를 제거할 힘이 있음에도 불구하고 포용하는구나."라는 마음을 끌어내려 했고, 실제로 그랬습니다. 반대 세력들은 정조가 연산군과 달리 정적을 포용하는 임금이라는 것을 알게 되었죠. 그래서 정조가 추진하는 개혁 정책에 대해 침묵하거나 지지했습니다. 아버지를 죽인 원수까지 포용했던 점이 정조를 위대한 군주로 만든 것이죠.

'통쾌할' 수 있지만 여기서 '그친다.'

피가 피를 부르는 악순환의 매듭을 끊어버린 정조. 비록 33년간의 원대한 계획은 아버지의 복수라는 사사로운 감정에서 시작했지만, 그 끝에서 선택한 것은 함께 살아가는 세상이었다. 더는 억울한 죽음이 없으며 일반 백성이 행복해지는 세상. 수많은 개혁 정책과 화성 건설을 통해 정조는 사심 안에 공심이 있는 사중지공을 만날 수 있었고, 겉으로는 국가와 백성을 위한다고 하지만 속으로는 사심을 채우기에 급급했던 반대 세력들의 공중지사(公中之私)는 설 자리를 잃게 되었다.

미래로 나아가는 길

축제는 끝나지 않는다

화성을 떠나다

진시에 정조는 혜경궁 홍씨를 모시고 화성행궁을 떠날 채비를 시작했다. 여러 날 동안 광주, 시흥, 과천 등의 고을에서 대기하고 있는 척후 복병들을 걱정하며 어가가 지나간 뒤에 차례대로 철수하게 했다.

진시 정3각,* 행렬은 화성행궁을 떠났다. 하늘이 구름도 없이 맑아 화성에 올 때 보다 한결 나았다. 장안문에 이르니 문·무과 별시에 합격한 사람들이 꽃 모자를 쓴 무동들을 데리고 줄을 서서 맞이했다. 용주사의 승군들도 깃발을 들고 배웅을 나왔다.

진목정에 이르자 잠시 휴식을 취하도록 명하고 따라온 장용외영 군사들을 화성으로 돌려보냈다. 장용외영 군사들은 화성을 떠날 수 없어서였다.

왕의 행렬은 미륵현에 도착하자 잠시 걸음을 멈추었다. 이곳은 화성의 첫 경계가 되는 곳으로, 정조가 해마다 아버지의 묘소를 살피고 돌아갈 때 멈춰서 오래도록 화성을 내려다보며 슬퍼하던 곳이었다. 이 고을 사람들이 그곳에 돌을 둘러쌓아 대를 만들었는데, 이번 행차에서 이를 보고 지지대(遲遲臺)라고 이름 짓고 시를 지었다.

* 오전 8시 45분 무렵에 해당한다.

봄날은 지루한데 북대(北臺)에 오르니

이것은 바로 꽃구경 가는 것이 아니로다

시로 시를 지어 관화곡(觀花曲)에 잇고

만세토록 빛나시기를 만수배(萬壽杯)로 비옵니다

정조는 어머니 혜경궁보다 먼저 사근평행궁에 도착해 광주, 시흥, 과천의 수령들과 암행을 담당한 신하들을 불러들였다. 백성들을 힘들게 하는 일이 무엇인지 묻기 위해서였다. 보고를 받은 후 정조는 행궁에 도착한 어머니를 맞아들이고 점심 수라를 올렸다.

행렬은 저녁 무렵 시흥행궁에 도착했다. 정조는 늘 그러했듯 행궁에 먼저 도착해 여러 가지를 점검한 후 어머니를 맞이하고 하룻밤을 묵었다.

다음 날인 윤2월 16일, 어둠이 채 가시지 않은 새벽에 "지방관은 경내의 백성들을 인솔하고 연로(輦路)의 광장에 와서 기다리라."라고 하교한다.

묘시 정3각에 시흥행궁을 출발해 문선동(文星洞) 앞길에 이르자, 시흥현령 홍경후가 백성들을 데리고 길 왼편에서 공손히 대기하고 있었다. 정조는 찬찬히 둘러보며 고충을 말하라고 얘기했지만, 백성들은 한목소리로 은혜로운 임금을 만나 그런 일이 없다고 말했다.

이러한 말들은 곧 겉치레 인사다. 너희는 모두 나의 적자(赤子)이니 매양 은택을 내리지 못함을 걱정한다. 더구나 궁궐 깊숙한 곳에서 백성들의 고통과 괴로움을 자세히 알 길 없으니 지척의 어가 앞에서 생각들을 말하게 하여 말할 수 없었던 고충을 들어 주고자 함인데, 너희는 이렇게 말할 기회를 만나 어찌 두려워하여 머뭇거리며 말을 못 하는가?

우승지 이익운이 임금의 하교를 백성들에게 전하고 "백성들이 실로 절박한 고충은 없는 것으로 여기오나 다만 호역(戶役)*을 다시 징수함은 폐단이 되지 않을 수 없다고 할 수 있습니다."라고 답했다.

* 국가의 필요에 따라 백성의 노동력을 대가 없이 징발하는 세의 한 항목. 신분의 고하를 막론하고 개별 민호에 부과되며, 소유 토지의 많고 적음이 수취 기준이 되었다. 조선의 호역은 전세미의 수송, 공물·진상물·잡물의 조달, 토목공사, 사신 접대로 구분된다.

이 말을 듣자 정조는 비국당상 이시수에게 다음과 같이 명했다.

다른 때는 비록 비상(非常)한 은혜를 두루 베풀지 못하더라도 금년에 어찌 특별하게 뜻을 보임이 없겠는가? 지난가을 환곡(還穀)은 이미 전부 탕감시켰거니와, 호역은 비국(備局)에서 지방관과 수령에게 폐막을 줄이고 요역을 경감할 방도를 물어 별도의 방책을 강구해서 잘 변통하여 처리토록 하라. 매년 정월 행행할 때 백성들이 눈을 쓸고 길을 닦는 것은 폐가 적지 않을 것이므로 금년부터는 원행 일자를 봄과 가을의 농한기로 정하라. 이는 또한 백성들을 위한 고심에서 나온 것이니 매번 어가가 지날 때마다 상세히 민정(民情)을 캐내어 마땅히 이에 따라 폐해를 보상하는 조치가 있을 것이다. 너희는 각자 그 점을 잘 알도록 하라.

백성들이 모두 감사하며 물러갔지만 한 남루한 백성이 먹을 것을 받기를 원했다. 나이를 물으니 61세라고 답하자 "비록 그 사람이 외람되다고 생각되나 기왕 그 나이를 물었으니 어찌 헛되이 물러가게 하겠는가? 그가 바라는 대로 미두(米斗)를 제급(題給)하라."● 라고 명했다.

억울함을 달래 주는 환궁 행차

행차 마지막 날, 정조가 백성들을 직접 만나 처리한 고충은 무려 127건에 달했다. 정조는 백성들과 원활하게 소통할 수 있을 때 백성과 나라가 평안해지고 국가의 기강이 바로 선다고 믿었던 군주였다. 백성들의 사정과 생활 형편을 파악할 수 있는 상언과 격쟁을 그 어떤 왕보다 적극적으로 허용했다. 양이 얼마가 되든지 여과 없이 보고하게 했다. 정조는 재위 기간에 상언 3092건과 격쟁 1335건, 도합 4427건의 고충을 직접 처리했다. 이 중에서 3355건(상언 3232건, 격쟁 123건)이 능행을 할 때 접수된 것이었다. 자신의 고충을 직접 호소할 수 없는 백성들을 위해서는 전국 각지에 암행어사를 파

● 『원행을묘정리의궤』, 권 1, 「연설」, 을묘(1795년) 윤2월 15~16일.

견하기도 했다. 정조가 능행을 할 때면 구경꾼과 민원인들이 구름 떼처럼 몰려들곤 했다. 유재빈 교수의 설명이다.

정조는 한성으로 돌아오는 환궁길에서 백성들의 고충을 들어 주는 상언과 격쟁을 허락했습니다. 「환어행렬도」는 화성에서 한성으로 돌아오는 왕의 행차가 시흥에서 멈춘 장면을 묘사한 것인데, 이곳에서도 상언과 격쟁이 이루어졌죠. 정조가 이처럼 많은 백성이 몰려들어 왕의 행차를 구경하는 환궁길의 모습을 선택해 그림으로 남긴 것은 자신이 정치를 잘한 국왕이었음을 드러내는 동시에 이 원행이 국왕만을 위한 행차가 아니라 온 백성이 기쁨을 함께 나누는 축제였음을 널리 알리고자 한 것이라고 추측할 수 있습니다.

국왕의 행렬은 내려올 때와 마찬가지로 백성들과 함께했다. 8일간의 행차는 정조의 말 그대로 행복한 축제, 바로 '행행'이었다. 노량진 용양봉저정에서 점심을 먹을 때는 주교당상 서용보를 불러 배다리의 사공과 격군들의 노고가 많으니 미두를 주어서 보내라고, 행차가 끝나는 내일 배다리를 철거해 혹시라도 뱃사람들이 생업에 지체되는 일이 없게 하라고 당부했다.

그날 오후 왕의 행렬은 배다리를 건너 숭례문과 돈화문을 거쳐 창덕궁으로 돌아왔다. 백성들이 행복했던 8일간의 축제, 행행은 그렇게 막을 내렸다.

정조의 오랜 아픔은 결국 백성의 아픔까지 품었고, 행차의 주인공은 이제 백성이 되었다. 일정 내내 정조는 어머니의 은덕이 반드시 백성들에게 있어야 할 것이라고 입버릇처럼 말했다. 배고픈 자, 연로한 자들을 챙기고, 잔칫날 초대받지 못한 사람들에게도 그 행복이 고루 돌아가게 했다.

어머니의 만수무강을 기원하는 뜻으로 과거 시험을 열 때도 화성 백성들이 그 혜택을 입을 수 있도록 따로 챙기는 것을 잊지 않았다.

"근상천천세수부(謹上千千歲壽賦)", 이로써 만백성도 혜경궁 홍씨의 만수무강을 기원하며 기뻐하게 되었다.

『화성능행도병풍』 중
「환어행렬도」

왕의 숨은 귀, 암행어사

정조는 백성을 나라의 근본으로 여기는 위민 군주이자 애민 군주였다. 따라서 백성들과 소통하는 것을 무엇보다 중시했는데, 능행은 정조가 백성들의 목소리를 직접 들을 좋은 기회였다. 정조가 다른 조선의 왕들보다 능행이 잦았던 이유 중 하나는 백성들을 직접 만나 그들의 사정과 생활 형편을 살펴볼 수 있어서였다. 그러나 왕족의 무덤은 수도권에만 국한되어 있었기 때문에 전국 방방곡곡 만백성의 목소리를 직접 듣는 데에는 한계가 있었다. 그래서 정조는 전국 각지에 암행어사를 파견해 백성들의 어려움과 고통을 덜어 주고자 했다. 암행어사는 정조의 또 다른 귀였다.

암행어사는 말 그대로 자신의 신분을 속이고 비밀리에 지방을 돌아다니면서 부정한 관리나 불법행위를 저지르는 자 등을 적발해 왕에게 보고하는 왕의 특명 사신이었다. 기록에 암행어사라는 용어가 처음 등장하는 것은 조선의 11대 왕 중종(中宗) 때인 1509년이다. 고종 때인 1892년에 암행어사 제도가 사라졌으니 약 400년간 암행어사들이 활동했던 셈이다.

정조는 암행어사 제도를 가장 적극적으로 활용했던 조선 왕 중 하나였다. 암행어사는 관리들의 각종 부정과 백성들의 고충을 자세히 알아내어 있는 그대로 보고하는 직책인 만큼, 무엇보다도 믿을 수 있는 사람이어야 했다. 일찍이 그 자질을 알아보고 발탁해서 가까이 두고 중용했던 정약용 같은 사람을 암행어사로 내보낸 것도 그 때문이다. 다음은 정조가 정약용을 비롯한 암행어사들을 파견하면서 내린 편지 중 일부다. 이 편지는 보안을 유지하기 위해 밀봉했고, 암행어사들은 도성을 벗어나야 이 편지를 열어 볼 수 있었다.

수령의 잘잘못을 규찰하고 백성들의 괴로움을 살피는 것이 어사의 직임이다. (어사가) 비단옷을 입는 것은 은총을 드러내는 것이요, 도끼를 지니는 것은 그 권위를 높이려는 것이다. (……) 백성들이 간절히 바라는 것은 오직 어사뿐이며, 수령들이 눈을 휘둥그레 뜨고 두려워하는 것도 오직 어사뿐이다. 조정에서 조사해 권면하고 징계하는 것도 오직 어사의 말을 믿고 근거로 삼을 따름이다.

이 때문에 너희를 나누어 명령하는 조치가 있는 것이므로, 보고 듣는 데에 마음을 다하라. 그리고 종적을 비밀스럽게 하는 방법으로는 한 사람이 몇 고을을 넘지 않는 것보다 더 좋은 것이 없다. 감찰할 고을을 아래에 적었으니 스스로 살펴 알 수 있을 것이다. 그대들은 맡은 바 직책에 신중해 관부와 시장, 촌락을 드나들면서 세세히 조사해 모으고, 조정에 돌아와 일일이 조목조목 적어서 아뢰도록 하라. 관인 문서가 드러나 현장에서 포착된 경우가 아니면 섣불리 봉고파직하지 말고, 황정(荒政)●에 도움이 되는데 미처 시행하지 못한 것들을 탐문하라.

내가 특별히 선발한 뜻을 저버리지 말고 그 직책에 부응하라.●

정조는 보위에 오르기 전부터 규장각이나 장용영 등을 신설해 자기가 믿을 수 있는 뛰어난 사람을 주위에 불러 모았고, 그들을 통해 자신의 뜻이 현실에서 실현될 수 있게 했다. 정조의 총애를 받은 어사 정약용은 암행어사 임무를 수행한 후 『목민심서(牧民心書)』라는 조선 최고의 관료 지침서를 쓰기도 했다.

『목민심서』

● 흉년에 백성들을 구하는 정치 또는 정책.
● 『정조실록』18년 (1794) 11월 16일.

기억의 유포

파격적인 선택, 『원행을묘정리의궤』

의궤청이 만들어지다

정조와 신하들은 환궁 후 더욱 바쁜 나날을 보내야 했다.

윤2월 17일 : 배다리의 철수 시작, 포상 실시

윤2월 21일 : 수행에 참여한 군인들에게 음식을 베풀다

윤2월 28일 : 주자소(籌字所)에 의궤청(儀軌廳) 설치

최고의 의전을 담당해야 할 의궤청이 활자의 주조를 담당하는 주자소에 설치되었다는 것은 의외의 일이었다. 연일 파격적인 행사가 이어졌던 8일간의 축제는 의궤를 제작하는 것에서도 파격을 선택했다. 정조의 비상한 관심과 독려 속에서 의궤 편찬 작업이 진행되었다.

정조는 의궤청을 설치하면서 비용에 관해서도 언급하였는데, 전액을 행차에서 쓰고 남은 돈으로 충당하라고 지시했다. 총예산 10만 냥 중 남은 돈 4만 냥은 제주도의 빈민을 구제하고 팔도의 백성들에게 나눠 줄 곡식 '을묘정리곡'에 투입하기로 했다. 그리고 남은 돈 3000냥이 의궤를 만드는 데 사

정리소와 의궤청의 구성

직책	정리소	의궤청
총리대신	우의정 채제공	좌의정 채제공
정리사 당상관	6인	8인
낭청 당하관	5인	2인
감관	2인	1인
장교	11인	9인
서리	16인	15인
군직	3인	1인
사령	5인	3인
기수	68인	6인
문서직	4인	3인
사환군	3인	없음
총 소속 관리 인원	179명	51명

용되었다.

의궤청은 총리대신 좌의정 체제공을 중심으로 51명으로 구성되었다. 정
리소에 소속되었던 상당수의 관리가 의궤청에도 참여했다.•

그렇게 전례 없이 성대했던 을묘년 8일간의 축제는 총 8권의 의궤에 고
스란히 기록되었다. 의궤의 이름은『원행을묘정리의궤』로 "1795년에 정리
소에서 주관해 국왕이 현륭원에 행차한 것을 기록한 의궤"라는 뜻이다. 그
림은 목판으로, 글자는 전용 서체인 '정리자(整理字)'를 만들어 사용했다.
의궤 역사상 최초로 인쇄본으로 제작되었다.

여덟 권에 담긴 8일간의 기록

『원행을묘정리의궤』는 여러 면에서 기존의 의궤와는 사뭇 달랐다. 특유
의 화려한 장식은 사라지고 외관은 평범해졌다. 화려한 그림과 정성스러운
해서체 대신에 투박한 인쇄를 선택했다. 그림은 목판으로, 글은 금속활자로
인쇄되었다. 그 대신 한두 권에 그치던 분량이 여덟 권으로 대폭 늘어나 훨

• 여서현, 「『원행을묘정
리의궤(園行乙卯整理儀
軌)』의 시각문화콘텐츠
연구」(서울과학기술대
학교 박사 학위논문, 2014),
22쪽.

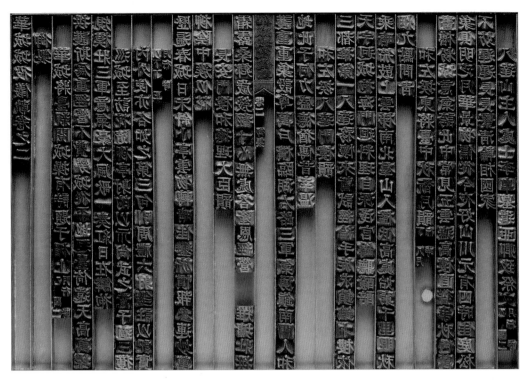

정리자 활자. 정조 때 만든 활자는 불에 타 사라졌고,
지금 남아 있는 활자는 철종 때 만들어졌다.

씬 더 자세한 정보를 담게 되었다.

『원행을묘정리의궤』에 쓰인 금속활자의 이름은 '정리자'였다. 정리자는
1795년에 만들기 시작해 이듬해인 1796년에 완성되었다. 활자의 수는 큰
글자 16만 개, 작은 글자 14만 개로 도합 30만 개에 달했다.

정리자는 기존의 활자보다 인쇄가 간편하고 빠르며 비용과 노동력도 적
게 들어 정조가 매우 마음에 들어 했던 활자다. 다만 글자체가 각진 모양이
라 다소 아쉬움이 있었던 것 같다. 그러나 기존의 그 어떤 활자보다 가독성
이 높아 인쇄용으로 최적의 활자였다.

그림은 서양 화법을 도입해 회화성이 강화되고 사실적으로 그려져 마치
눈앞에서 현장을 보듯 생생하게 그려졌다. 박정혜 교수의 설명이다.

조선 시대 의궤들의 가장 큰 목표는 국가 행사에 관한 기록을 정리해 둠으로써 후대에 시행착오를 최소화하는 것이었습니다. 정조도 마찬가지였는데요, 이왕 만드는 거 후대가 제대로 참고할 수 있도록 만들자고 생각했습니다. 그래서 정조는 그림을 여러 형태로 최대한 많이 수록했는데, 화성 행차 때 혜경궁 홍씨가 탄 가마인 자궁가교는 그 대표적인 경우라고 볼 수 있습니다. 자궁가교의 그림을 보면 전체 그림이 있고, 분도(分圖)라고 해서 앞모습과 뒷모습, 옆모습 등 각각의 부분 세부도가 들어가 있는데, 이렇게 했던 것은 후대 사람들이 이를 제대로 참고해 성공적으로 재현하길 바랐기 때문이죠. 또한 정조는 실무자들이 얼마나 일을 잘할 수 있는지를 매우 중요하게 생각했던 사람입니다. 책임자들이 아무리 일을 잘하면 뭐 해요? 실제로 행사를 준비하는 것은 실무자들, 그러니까 맨 밑에서 일하는 사람들인데요? 이런 사람들이 일을 잘해 줘야 행사가 완성도 있게 시행되거든요. 이런 측면에서 정조는 『원행을묘정리의궤』가 후대 참고 자료로서 그 기능을 100퍼센트 담당할 수 있게끔 그림이라는 도구를 적극적으로 활용했죠. 본문에도 자세한 내용이 있지만 그림으로서 본문을 보완해 줬던 것입니다.

『원행을묘정리의궤』에 수록된 그 많은 그림을 그린 사람들은 누구일까? 김득신과 이인문 같은 차비대령화원(差備待令畵員)●들이다. 이들은 왕의 직속 화원으로, 조선 시대 그림에 관한 일을 맡아보던 도화서(圖畵署) 소속의 화원들 가운데 능력이 출중한 자만을 선발한 것이었다. 왕실의 위엄을 과시하고 왕권을 강화하는 데 그림을 적극적으로 활용했던 정조는 차비대령화원을 규장각에 배치하고 자신의 회화적 이상을 직접 전달했다. 특히 조선 시대의 대표적인 화가 김홍도는 『원행을묘정리의궤』 제작에 투입된 차비대령화원 10명을 총지휘하는 임무를 맡았던 것으로 보인다.

『원행을묘정리의궤』 제작에 참여한 화원 명단에는 김홍도의 이름이 보이지 않는데, 당시 김홍도는 파직 중이었다. 그러나 1795년 윤2월 28일에

● '자비대령화원'이라고도 한다.

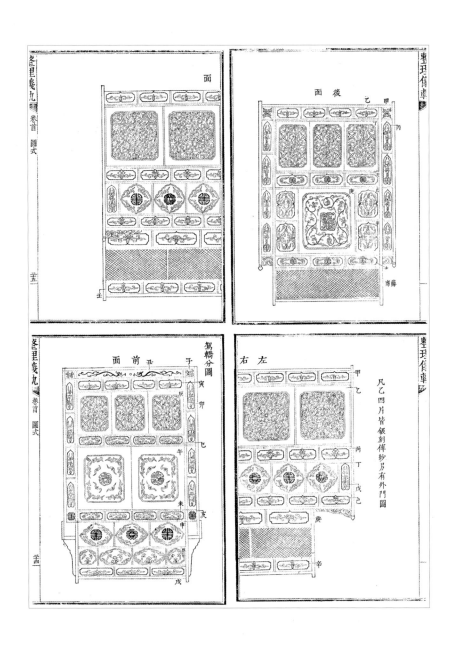

『원행을묘정리의궤』 중 「가교분도」

정조가 김홍도에게 군직(軍職)을 주어 관복을 차려입고 늘 관청에 나와 근무하게 했다는 기록이 있다. 김득신, 이인문, 장한종 등이 김홍도의 화풍을 따르는 화원들이었고, 정조가 가장 신뢰했던 화원이 김홍도였음을 상기해 볼 때 김홍도는 화원들의 총지휘자 역할을 했을 것으로 추정된다.

『원행을묘정리의궤』속 그림들은 매우 사실적이고 현장감이 넘친다. 박정혜 교수는 당시 의궤 편찬 작업에 참여했던 화원들이 워낙 인간의 생활상을 그리는 풍속화에 능했기 때문일 것으로 추측한다.

1795년 화성 행차 의궤의 제작에 참여했던 화원들은 당시 최고의 화원들이었고, 그 안에는 김득신처럼 풍속화로 이름을 날리던 화원들이 포함되어 있었습니다. 또한 규장각 직속 차비대령화원들은 수시로 시험을 보았는데, 이때 시험문제로 풍속화와 관련된 주제가 많이 나왔습니다. 그러다 보니 화원들은 풍속화를, 다시 말해 사람들이 살아가는 활기차고 자연스러운 모습, 사실적인 일상생활의 모습을 묘사하는 훈련을 많이 해서 이에 익숙했죠. 그런 화원들 가운데 기량이 뛰어난 화원들을 뽑아 의궤 편찬에 참여시켰기 때문에 사실적이고 현장감이 넘치는 의궤도가 나올 수 있었다고 생각합니다.

『원행을묘정리의궤』속 「반차도」 역시 풍속화의 사람들처럼 활기가 넘친다. 화원들은 수많은 인물의 표정, 자세, 동작들을 저마다 다르게 표현함으로써 딱딱하고 지루한 느낌이 드는 「반차도」에 생기를 불어넣었다.

이전 「반차도」의 특징은 똑같은 형태의 모습이 반복적으로 묘사되어 패턴화된 양상을 띠었다는 것입니다. 그러나 『원행을묘정리의궤』의 「반차도」는 완전히 달라요. 행렬을 이루는 인물들이 생동감 넘치고 신이 나서 한성에서 화성까지 이동했다는 것을 느낄 수 있을 정도로 인물 하나하나의 모습이 조금씩 다르게 묘사되어 있지요. 표정이라든가 자세, 동작 등에 조금

채색 복원을 통해 활기와 현장감이 더욱 생생히 드러난
『원행을묘정리의궤』의 「반차도」 속 그림들

씩 변화를 주었습니다. 옆 사람과 이야기한다든지, 뒤를 돌아보며 말을 건
다든지, 북을 친다든지 하는 식으로 지루한 느낌이 없이 모든 인물의 표정
이나 동작에 변화를 주었죠. 그뿐만 아니라 인물들의 신체 비례감이 좋고
자신감이 넘칩니다. 기존 「반차도」의 인물들은 어깨가 구부정하고 의장기
를 들고 종종걸음 치는 모습을 하는 반면에, 이 「반차도」의 인물들은 어깨
를 쭉 펴고 가슴을 내밀고 당당하게 행진하는 모습을 보이고 있지요.

정교하게 편집된 기억의 유포

1795년에 8일 동안 거행된 화성 행차는 정조가 국왕의 위용을 과시하고 정치 세력을 하나로 모아 새로운 조선을 만들기 위한 개혁 작업의 일환이었다. 뒤주 속에 갇혀 죽어 간 아버지의 고통을 온 백성의 기쁨으로 승화한 축제이기도 했다. 정조는 이 순간을 빠짐없이 기록하길 원했고, 좀 더 많은 사람이 8일간의 축제를 기억하기를 바랐다.

그 소망은 『원행을묘정리의궤』를 통해 구현되었다. 특히 110장의 그림은 당시의 모습을 매우 사실적이고 세밀하게 그리고 있다. 특이한 것은 수록된 순서가 실제 거행 순서와 다르게 편집되어 있다는 것이다. 그림의 시작은 봉수당 진찬연으로 시작되고 있으며 그 비중도 26장으로 반차도 다음으로 많이 배정되어 있다. 유재빈 교수는 그 이유를 이렇게 추정한다.

어머니의 회갑 잔치가 원행의 중요한 목적이었음을 보여 줄 뿐만 아니라 동시에 정조의 국정 운영의 근본이 효라는 점을 상징적으로 보여 주고 싶었기 때문이죠. 그 이후로 계속 이어지는 모든 장면도 이런 상징적인 의미가 있는데, 이 장면들의 의미를 종합해 보면, 효(孝)와 공경(恭敬)을 근본에 두고, 문과 무를 고루 진작하고, 군주와 신하가 하나가 되고, 나아가 모든 백성이 평화로운 사회, 즉 정조가 꿈꾸던 이상적인 유교 사회의 청사진을 상징적으로 보여 주고 싶었던 거죠.

한편 중요한 장면이었던 현륭원 참배는 110장의 그림에 포함되지 않았다. 그 이유를 김문식 교수는 이렇게 해석한다.

저는 당시 모든 정치 세력이 사도세자의 복권을 바라지 않았기 때문에 현륭원 참배를 넣지 않았을 것으로 생각합니다. 모든 이가 사도세자의 복권을 바라지 않는 상황에서 사도세자와 관련된 행사를 강하게 부각하게 되면 모든 정치 세력이 화합해서 국왕의 의도를 따라갈 수 없는 상황이 되어 버리죠. 즉 현륭원 참배는 화성 행차를 통해 신하들과 화합하는 분위기를 조성해 사도세자의 완전한 복권을 유도하고자 했던 정조의 계획을 방해하는 요인이 될 수 있었습니다. 그래서 정조는 현륭원 참배가 중요한 행사임에도 불구하고 기록으로 남기지 않았던 것으로 추정할 수 있습니다.

유재빈 교수는 한 걸음 더 나아간다.

분명한 사실은 이 의궤와 병풍을 받은 사람들에게 이날의 행사가 비극적인 역사보다는 경축과 번영의 상징으로 기억되었을 것이라는 점이죠. 따라서 정조가 아버지의 무덤을 참배하는 내용을 의도적으로 빼 버렸다고 추측할 수 있습니다.

정조는 8일간의 축제를 통해 모든 정치 세력을 하나로 모아 개혁 정치를 본격적으로 펼치기를 바랐다. 행차 직후 반대파를 요직에 등용하며 적극적으로 화해를 도모하기도 했다. 그리고 의궤의 편찬을 통해 8일 동안의 행차가 반목과 아픔이 아니라 행복했던 축제의 8일로 기억되기를 바랐는지 모른다.

정조는 정보를 조정하는 것뿐만 아니라 아예 다루지 않는 방식으로 사람들의 기억을 유도하려 했고, 많은 양의 의궤와 병풍을 제작해 배포한 것도 이러한 의미로 해석할 수 있습니다. 그로 인해 의궤와 병풍을 받은 사람들은 당시 원행을 파국과 복수의 행차가 아니라 경축과 번영의 축제로 기억하게 되었을 가능성이 큽니다.

정조는 이 의궤를 102부 제작해 화성행궁, 규장각, 정리소, 장용영 같은 행차에 관련된 여러 기관과 총리대신 채제공을 비롯한 행사에 참여한 주요 인물들에게 배포했다. 그뿐만 아니라 화성 행차의 주요 장면을 그린 8폭 병풍도 21개나 제작해 나눠 주었다.

8일간의 축제를 기록한 총 8권의 책.

뒤주 속에서 고통스럽게 죽어 간 아버지의 8일은 이제 행복했던 축제의 8일로 기록되었다. 『원행을묘정리의궤』는 모두 102부가 인쇄되어 온 나라에 배포되었다. 화성 행차의 주요 장면을 그린 8폭 병풍도 21부 제작되어 유포되었는데, 더 많은 사람이 보고 싶어 하고 갖고 싶어 해 많은 모사품이 만들어지기도 했다. 그리하여 '행복한 8일'의 기억은 점점 더 많은 사람에게 퍼져 나갔다.

에필로그

정조와 함께 사그라진 개혁의 불꽃

　뜨거운 시대를 살다가 간 비운의 국왕, 정조. 그가 살던 시기는 전 지구가 새로운 시대를 향해 꿈틀거리던 시기였다. 정조가 세손 시절 임오화변을 겪던 해(1762년)에 프랑스에서 장자크 루소(Jean-Jacques Rousseau)가 『사회계약론』을 저술했다. 즉위하던 1776년에는 미국이 독립선언을 했고, 사도세자의 묘를 수원으로 옮긴 1789년에는 프랑스 대혁명이 일어났으며, 미국에서 최초의 대통령 선거가 실시되었다. 당시 세계는 근대국가로 향한 용틀임을 시작하고 있었다.

　정조는 즉위 초부터 청나라를 통해 세계의 변화에 주목하고 있었다. 모든 것을 알지는 못했을지라도 세계의 변화를 조금씩 감지하고 있었다. 그리고 조선에서도 개혁의 불꽃이 타오르기 시작했다. 정조는 즉위한 이듬해인 1777년(정조 1) 서얼들을 인재로 등용했다. 1778년(정조 2)에는 노비 제도 폐지를 추진했으며, 1791년(정조 15)에는 신해통공을 실시해 시장경제를 활성화하고, 1792년(정조 16) 『증수무원록(增修無冤錄)』을 발행해 법과 정의를 확립하려고 했다. 1793년(정조 17)에는 왕실 재산으로 백성을 구제했으며, 1795년(정조 19)에는 화성 건설에서 거중기 등 서양 문물을 적극적으로 활용하며 '세계인'으로서의 면모를 드러내고 있었다.

그러나 그의 사후 모든 개혁은 신기루처럼 사라지고 다시 봉건 질서로 되돌아가게 된다. 그리고 겪게 된 오랜 암흑기. 그 진한 아쉬움이 끊임없이 정조를 소환해 내는지도 모른다.

　　8일간의 축제가 끝난 지 200년이 훌쩍 넘었다. 그러나 주위를 둘러보면 당시와 비교해서 별반 나아졌다고 말하기는 쉽지 않다. 당시의 무겁고 왜곡된 사회 현실은 오늘날에도 반복되는 '현재'이다. 정치, 경제, 사회 등 전 분야에서 공중지사의 유령이 우리 곁을 맴돌며 시대착오적 퇴행을 반복하고 있다. 마치 뫼비우스의 띠처럼.

　　정조가 남긴 건배사는 "불취무귀", 즉 취하지 않은 자는 돌아갈 수 없다는 말이었다. 술을 즐기지 않던 정조가 8일간의 축제 기간에 신하와 백성들에게 던진 건배사는 많은 생각을 하게 만든다. 그가 취하자고 했던 건 술이 아니라 행복이 아니었을까? 모든 백성이 행복에 흠뻑 취하기를 바랐던, 그러나 그렇지 못한 지금의 상황을 미안해하던 국왕의 건배사. 다시 정조가 그립다.

별도로 출처를 표기하지 않은 이미지는 KBS 대기획 「의궤, 8일간의 축제」의 자료들이다.

16쪽: 수원화성문화제 장면, 출처: 수원문화재단
18쪽: 『장렬왕후존숭도감의궤』, 출처: Gallica(https://gallica.bnf.fr)
31쪽: 『화성원행의궤도』 중 「가교도」, 출처: 국립중앙박물관
36쪽: 「동궐도」, 출처: Wikimedia Commons
80쪽: 『화성능행도병풍』 중 「한강주교환어도」, 출처: 국립고궁박물관
87쪽: 『화성원행의궤도』 중 「기용도」, 출처: 국립중앙박물관
92쪽: 다산 정약용 초상, 출처: Wikimedia Commons
101쪽: 영조 어진, 출처: 국립고궁박물관
111쪽: 『화성능행도병풍』 중 「화성성묘전배도」, 출처: 국립고궁박물관
113쪽: 낙남헌, 출처: 한국민족문화대백과사전, ⓒ 한국학중앙연구원, 김성철
114쪽: 『화성능행도병풍』 중 「낙남헌방방도」, 출처: 국립고궁박물관
120쪽: 『화성원행의궤도』 중 「화성행궁도」, 출처: 국립중앙박물관
121쪽: 화성행궁 전경, 출처: 국가문화유산포털, ⓒ 문화재청
121쪽: 화성행궁 관람안내도, 출처: 수원문화재단
131쪽: 수원화성 서장대, 출처: Wikimedia Commons, ⓒ 라성민
133쪽: 『화성능행도병풍』 중 「서장대야조도」, 출처: 국립고궁박물관

136쪽: 만석거, 출처: 한국민족문화대백과사전, ⓒ 한국학중앙연구원, 김지용
141쪽: 거중기, 출처: Wikimedia Commons, ⓒ 잉여빵
148~151쪽: 『화성원행의궤도』 중 헌선도, 몽금척, 하황은, 포구락, 무고, 아박무, 향발무, 학무, 연화대, 수연장, 처용무, 첨수무, 선유락, 검무, 출처: 국립중앙박물관
153쪽: 『화성원행의궤도』 중 「채화도」, 출처: 국립중앙박물관
154쪽: 『화성능행도병풍』 중 「봉수당진찬도」, 출처: 국립고궁박물관
157쪽: 『화성원행의궤도』 중 「연희당진찬도」, 출처: 국립중앙박물관
178쪽: 유여택, 출처: Wikimedia Commons, ⓒ G41rn8
179쪽: 『화성원행의궤도』 중 「신풍루사미도」, 출처: 국립중앙박물관
183쪽: 『화성능행도병풍』 중 「낙남헌양로연도」, 출처: 국립고궁박물관
185쪽: 방화수류정, 출처: Wikimedia Commons, ⓒ Seungh
187쪽: 『화성능행도병풍』 중 「득중정어사도」, 출처: 국립고궁박물관
197쪽: 『화성능행도병풍』 중 「환어행렬도」, 출처: 국립고궁박물관
199쪽: 『목민심서』, 출처: Wikimedia Commons
205쪽: 정리자 활자, 출처: 국립중앙박물관
207쪽: 『원행을묘정리의궤』 중 「가교분도」, 출처: 규장각한국학연구원

의궤, 8일간의 축제

1판 1쇄 찍음 2022년 8월 5일	지은이	KBS 의궤, 8일간의 축제
1판 1쇄 펴냄 2022년 8월 19일		제작팀
	발행인	박근섭·박상준
	펴낸곳	(주)민음사
출판등록 1966. 5. 19. 제16-490호	대표전화	02-515-2000
주소 서울특별시 강남구	팩시밀리	02-515-2007
도산대로1길 62(신사동)	홈페이지	www.minumsa.com
강남출판문화센터 5층		
(우편번호 06027)		

ISBN 978-89-374-5599-5 (03910)

이 책의 출판권은 KBS미디어(주)를 통해
KBS와 저작권 계약을 맺은 (주)민음사에 있습니다.
잘못 만들어진 책은 구입처에서 교환해 드립니다.